情商高就是说话让人舒服

许君 编著

说话是一种技巧，更是一门艺术。

吉林文史出版社
JILINWENSHICHUBANSHE

当今世界，懂得如何说话已经成为一个人综合能力的重要标志，成为个人在社会上生存的重要能力之一。在生活中，通过出色的语言表达，可以使陌生的人产生好感，结成友谊；可以使相互熟识的人之间情更浓，爱更深；可以使意见分歧的人互相理解，消除矛盾；可以使彼此怨恨的人化干戈为玉帛，友好相处。

说话是人们最简单、最直接的表达方式，它的重要性不言而喻。在现实生活中，更深刻地领悟语言的真谛，学会如何说话，显然是势在必行的。说话不仅是一种技巧，更是一门艺术。它看似很简单，但是要说出有水平，容易被人理解、接受的话则需要下一定的功夫。

一个会说话的人，遇见陌生人时，知道如何说话能跟对方达成一种"一见如故"的默契；和同事共事时，知道如何说话能得到大家的欢迎；拜访客户时，知道如何说话能赢得客户的信任，从而决定购买自己的产品；跟恋人或朋友说话时，知道怎样给对方带来乐趣，加深彼此间的感情……

学会讨人喜欢的说话方式，才能把话说到对方的心坎儿里，获得对方的好感，成为人见人爱的说话高手。一语可以成仇：一句话说错了，会破坏人际关系的良好互动；一句话说错了，会导致功败垂成。一语可以得福：一句话说对了，可以得到方便；一句话说对了，也许会向成功迈近。

学会用讨人喜欢的方式说话，是一件既容易又很不容易的事。说容易，是因为我们每个人都会说话，都知道说话要做到讨人喜欢；说不容易，是因为把握别人的心理很难，而且绝大多数时候说话是即时的，容不得你仔细考虑。说话不得体，不讨人喜欢，会惹来麻烦，达不到预期的效果。一个不善言谈和说话不讨人喜欢的人，很容易给他人留下能力低下和思想匮乏的印象。这样的人不管处在哪一个社会层面都不会轻松地获得成功，也不会得到足够的器重和赏识，甚至只能沦为无足轻重的边缘人。说话方式讨人喜欢是获得上司赏识、下属拥戴、同事喜欢、朋友肯定、恋人依恋的必要条件，是一个人为人处世、行走社会的通行证。

本书全面系统地介绍了各种讨人喜欢的说话方式，其中涉及初次见面、社会交际、为人处世、职业生涯、商业谈判等多个层面，帮助你掌握与不同的人说话的技巧、不同场景下的说话艺术，提高说话能力，把话说得漂亮、得体、讨人喜欢，赢得友谊、爱情和事业，踏上辉煌的成功之路。

目 录
/CONTENTS/

第三章　高情商不是假客套，而是分寸感
——把对方放在心上，"良言"就不会变成"恶语"

第四章　"口吐善言"，最值得称道的正能量
——提供对方想要的认同感

第五章　说出口的话比心里的话多一件衣服
——情商高的人，人情味儿也浓

第六章　情商是里子，幽默是面子
——情商告诉你该说什么，幽默让你说得更漂亮

第七章　拒绝那些很低级的回应方式
——别再说那些情商低的话了

第八章　与人交往，说话体面是一种能力

——做事漂亮，也要说话得体

第九章　情商是骨子里的教养，不是表演

——职场交流，比你以为的还重要

第十章 化解"抵触情绪"的话
——十句开场白套话，抵不过一句高情商闲聊

第一章

颜值时代，更需要"言值"

——高情商助你成为颜值担当

展示自己的优势

口才好、能说会道的人往往能在与人交流中更好地展示自己，无形中抬高自己的身价，给别人一种更深刻的印象。

"味甘而补，味苦而清，药辛发散解表，药酸宁神镇静。任何事物都有它不同的特点，也有它不同的作用。"听到这样的话语，你会有什么样的感觉呢？我们一定认为：不是医生还懂医药知识，真不简单。可以说，在谈话中，适度、自然地引用一些具有文化色彩的词汇，能起到改善自己形象的作用。

在日常交际中，关键在于感觉。对方感觉好，就会看好你。

某知名英国作家的儿子只有16岁，可他在随父亲与丘吉尔见面时，竟当了一次首相的"语文老师"。他回忆了1949年在"玛丽亚王后"客轮上难忘的一幕：

那天，我跨进丘吉尔的舱房时还有点儿迷迷糊糊。我如释重负地发觉丘吉尔不在房内。客人很多，丘吉尔夫人开始替人作介绍，这时屋里一下肃静下来。我转身一看，丘吉尔本人竟站在屋里，抽着一支硕大无比的雪茄烟。他穿着我从未见过的奇怪服装，是条灰色的连衣裤，用类似帆布的料子做成，前面装了条直通到底的拉链。后来我才知道，这是他在大战时的战地服装。

他从人群中走过，边走边同人握手致意。接着他挽住我父亲的胳膊，大步走到屋子的另一头。就在这时，丘吉尔恰巧朝我的方向瞥了一眼。他莞尔一笑，招手示意我过去。我走到他们跟前时，父亲迅速对我使了个眼色，我不会误解其含义：你必须绝对沉默！

丘吉尔谈起他在密苏里州富尔顿大学做的演讲，他在这次演讲中首先使用了"铁幕"一词。我父亲说："你的预言又一次实现了。英国和西方之间存在着可怕的分歧，你准备怎么做呢？"

丘吉尔没有立即回答。他看了我一眼，仿佛在看我是否听得懂这番话。接着他扫视了一下屋里的其他人。"哦，现在，"他提高声音，字斟句酌，一字一顿地吐出下面的话来，仿佛在议会中发表演说似的，"现在，你是在要求我踏上把陈词滥调和信口开河分隔开的那道鸿沟上的独木小桥。"

人们哄堂大笑。自从进屋后，我还是第一次感到自在。我感到如此自在，竟不觉开口说话了。我问道："丘吉尔先生，如果俄国人研制成原子弹，你认为他们会对使用它犹豫吗？"

我父亲眨了眨眼睛，猛地一晃脑袋，盯着我看。我立刻后悔自己不该多说话。可是丘吉尔似乎挺高兴。他说："嗯，那得视情形而定，不是吗？东方可能会有3颗原子弹，西方则可能有100颗。但是，假如反过来呢？"我父亲刚要开口，可丘吉尔继续只顾自己往下说，"你明白——"他照旧字斟句酌，一字一顿，声音逐渐增大，"你明白——就原子弹而言（屋里又安静下来）这全是一个——"

他似乎想不出精确的词来圆满阐述他的想法。我当时没看出他仅是在等待屋里所有的人都凝神静听，却只觉得丘吉尔忽然苦恼不堪地没有能力表达自己的意思，而我父亲不知为何并不打算去救他出困境。

"先生，"我说，声音似乎嘶哑了，"你的意思是不是说，这全是一个均衡的问题?"

我父亲睁大了眼,惊慌地凑上前来,可是丘吉尔举起一只威严的手,拿那支令人敬畏的雪茄指着我说:"就是这词儿,千真万确!'均衡'是个很好的词,可是无论在战争时期还是和平时期,这个词经常被人遗忘。年轻人,你每天早上一醒来就该说这个词,每次站在镜子前刮胡子时,就该对自己说这个词。"

听了这番话,我的头都发晕了。我看出父亲不再生我的气了,不觉释然,于是得意扬扬地默然静听他们继续交谈……

这个孩子并非什么博学之辈,关键是他敢于说话。其实只是个风险不大的问句而已,却非常抢眼,给全场留下了深刻印象。

巧用妙语,打好圆场

巧妙地说好贴金话,其实就是打好圆场。想要事事有个圆满的收场,就得锻炼自己的口才,提高自己的"语商"。

不管做什么事情,我们都渴望能有个圆满的收场,这就需要我们平时多多读书,多多磨炼,头脑充实,机智敏捷,反应灵活,并且持之以恒。与此同时,还要注意培养敏捷的表达能力以及逻辑与语言修辞素养。

有一个销售员在一家百货商店前推销他那些"折不断的"梳子。为了消除围观者的怀疑,他捏着一把梳子的两端使它弯曲起来。突然间,那把梳子啪的一下断了,销售员顿时惊得目瞪口呆。这个时候,只见他把折断的梳子高高地举了起来,对围观的人群说:"女士们,先生们,这就是梳子内部的样子。"

如果一个人平时总是思考如何应付复杂局面和临场突发情况，临战自然不会仓促和不知所措。

有一个卖瓦盆的人，为了能够早点儿把瓦盆卖出去，便当着顾客的面用旱烟锅子敲了起来。他边敲边喊："听这瓦盆啥响声啊！"可是，令他意想不到的是瓦盆被敲破了。旁边看热闹的人忍不住笑出了声。他忙指着瓦片对身边的人说："你们看这瓦茬子，棱是棱，角是角，烧得多结实呀。"

参加面试时，主考官所问的问题并不一定有什么标准答案，只要能"自圆其说"便算是成功。

有一个年轻的小伙子来面试，主考官问了一个问题："你为什么要离开之前的企业。"他回答："在那家企业没有前途。""那么怎么样才算有前途？"主考官接着问。"企业蒸蒸日上，个人才能得到不断提高和发展。""你们公司的产品在市场上的占有率名列前茅，员工收入也很高，这是有口皆碑的，怎么能说在这个企业没有前途呢？"这位求职者被问倒了，为什么会出现这种情况呢？那是因为他不清楚随着问题的不断深入，他先前的论点将无法成立，这样就不能自圆其说了。

我们常常会遇到这样的提问："你最大的优点是什么"和"你最大的缺点是什么"。这两个问题看起来很简单，可是要回答好却不是一件很容易的事情，因为接下来主考官有可能会问："你的这些优点对我们的工作有什么帮助？你的这些缺点会对我们的工作带来什么影响？"然后还可以层层深入，"乘胜追击"，求职者是很容易陷入不能"自圆其说"的尴尬境地。几乎所有的面试问题都有可能被主考官深化和挖掘，所以在回答问题之前一定要先考虑周到，然后再给予回答，这样才不至于使自己陷入被动的局面之中。

在日常生活中，我们不需要过于自夸，但在某些场景中，便需要好好运用自己的口才，把话说得巧妙高超。

说话要扬己之长，避己之短

想要抬高自己的身价，说好给自身贴金的话，就要懂得扬长避短的道理，多说一些自己的长处，少说一些自己的短处。

宋代卢梅坡诗云："梅须逊雪三分白，雪却输梅一段香。"在常人的眼里，每个人或多或少总会在某方面存在一定的缺陷，就算是伟人也毫不例外：拿破仑矮小、林肯丑陋、罗斯福小儿麻痹，而这些都没有阻挡他们极其辉煌自信的一生。

瑞士银行中国区主席兼总裁李一，在 1988 年最初去美国迈阿密大学留学时，学的是体育管理专业。他发现那是"富人玩的游戏"，于是在离毕业还有半年时，毅然报考沃顿商学院。

美国沃顿商学院是世界首屈一指的商学院，李一考得并不轻松，前后面试了三次，仍没结果。最后一次面试，他干脆在考场上直截了当地问主考官："如果我没有被录取，最可能的原因是什么？"

"很可能是因为你没有工作经验。在美国，商学院录取的前提条件是要有商务工作经验。"

李一做出的反应不是承认自己的不足，或者是如何改变自己的缺点，而是立刻反驳："按你们的招生材料所说，沃顿作为世界最优秀的商学院，肩负着培养未来商务领袖的重任。但世界各国发展很不平衡，如果按你们现在的做法，商务成熟的国家会招生特别多，像中国这样的发展中国家可能一个也不招，这跟沃顿商学院的办学宗旨是自相矛盾的。"

出人意料的是，李一的反驳得到了主考官的欣赏。面试出来后，招生办主席秘书给李一打了一个电话："主席对你的印象特别好，说你很自信，与众不同。"后来，在当年52个申请该校的学生当中，李一成为唯一被沃顿商学院录取的中国学生。

李一的自信赢得了考官的欣赏，为自己铺垫了人生道路上的一块重要基石，更重要的是，他战胜了自己，他能够扬长避短，主动出击。著名管理学家德鲁克博士曾在1999年的《哈佛商业评论》中发表观点：对于一个集体，需要克服的是"短板定理"；而对于个人，发挥自己的长处，比努力去补齐短板更为重要。

我们都知道田忌赛马的故事，对手的每一匹马都有相对应的绝对优势。但没有关系，不需要补齐短板，只要注重自己能够形成优势的策略，简单地进行以长击短的顺序调整：上等马对中等马，中等马对下等马，下等马对上等马，就能获得完全不同的结局。

其实，每个人都有自己的可取之处。你也许不如同事长得漂亮，但你却有一双灵巧的手，能做出各种可爱的小工艺品；你现在的工资可能没有大学同学的工资高，不过你的发展前途却比他的大等等。这并不是一种吃不到葡萄就说葡萄酸的心理，因为世界这么大，永远没有绝对的坏，只有相对的好，永远没有绝对的失败，而只有相对的成功。

这世界上的路有千万条，但最难找的就是适合自己走的那条路。每一个人都应该努力根据自己的特长来设计自己，量力而行，根据自己的环境、条件、才能、素质、兴趣等确定发展方向。不要埋怨环境与条件，应努力寻找有利条件；不能坐等机会，要自己创造机会；拿出成果来，获得了社会的承认，事情就会好办一些。每个人都应该尽力找到自己的最佳位置，找准属于自己的人生跑道。当你事业受挫了，不必灰心也不必丧气，相信坚强的信念定能点亮成功的灯盏。

每个人都有自己的特质和特长，所以不要怀疑自己，更不要轻易地否定自己。认清你自己的优势与弱点，如果你身上有暂时或是永远无法补齐的"短板"，那么不如去吸引别人注意到你身上其他的闪光之处。每个人都有自己的发光点，只要你善于利用，就能扬长避短，形成制胜的优势。

善意的交谈让你更容易为人接受

与人交谈时，如果态度良好，更容易赢得别人的好感，你也就更容易为人所接受。

"善待他人就是尊重自己。"给别人一片晴朗的天空，就是给自己一片明媚的天空。当你由衷发现他人的优点、好处、能力时，人家同时也发现了你的优点、好处、能力。善待他人就是善待自己，这是做人的基本原则。

孟子曾经说过："君子莫大乎与人为善。"那些慷慨付出、不求回报的人，往往容易获得成功。而那些自私吝啬、斤斤计较的人，不仅找不到合作伙伴，甚至有可能成为孤家寡人。有人可能会问：怎样才算与人为善呢？与人为善说起来很简单，做起来却不是一件容易的事，它包括相当广泛的内容。如：关心他人，当朋友遇到困难的时候，主动伸出友谊之手；尊重他人，不去探究他人的隐私；不在背后议论、批评他人；善于和别人沟通、交流；善于和那些与自己兴趣、性格不同的人交往；承认对方的价值和努力，对于错误要负起自己该负的责任……总的说来，善待他人的最重要原则就是"己所不欲，勿施于人"，凡事要从对方的角度来考虑。如果你能遵从这个原则，你将获得许多好朋友、好伙伴。

战国时代的名将吴起很懂得与人为善就是于己为善这个道理。《史记》中载有一个关于吴起的故事：他爱兵如子，深得士兵们的爱戴。有一次，一个刚刚入伍的小兵在战争中负了伤，因战场上缺医少药，等到打完仗回到后方时，那位小兵的伤口已经化脓生疽。吴起在巡营的时候发现了，他二话没说，立刻蹲下来，用嘴为那位士兵吸吮伤口、消炎疗伤。那位小士兵见大将军竟然如此对待自己，感动得热泪盈眶，说不出一句话。其他士兵们看了，也深受感动。而那位士兵的母亲听说了这件事后，却大哭起来。大家都以为她是感动而泣，可她却说："我是在为我儿子的命运担心呀！你们有所不知，当年，吴将军也曾为他的父亲吸吮过伤口，结果他父亲感念吴大将军的恩情，舍生忘死英勇杀敌，最后战死在沙场上了。"正因为吴起如此善待士兵，所以士兵们个个英勇善战。

可见，与人为善是我们在寻求成功的过程中必须遵守的一条基本准则。在当今这样一个合作的社会中，人与人之间更是一种互动的关系。只有我们先去善待别人，善意地帮助别人，才能处理好人际关系，从而获得他人的愉快合作。

我们静下心来仔细思考一下，会发现自己很少会赞美他人。我们跟他人比较时，总是会找到对方的缺点，总是会说谁谁谁又做错了，某某某很笨，遇到人家做成功什么事情后，我们会心里说："这有什么，要是我肯定能做得比他好。"而当一个人做事情失败后，我们中间很多人又会在内心里说："瞧瞧，他多笨呀，不行就是不行……"凡此种种，其实就是我们在内心深处不愿意看到他人的长处，不懂得善待他人的结果。

生活总是千差万别的，人的能力也是各种各样的，其实这跟我们的十个手指头不可能一样齐是一个道理的。当一个不如自己的人，通过努力在做一件事情，我们用自己由衷的言语赞美一下，对于我们这可能不算什么，但是如果我们想象自己就是他，听到这赞美之词，会是一种什么样的心情呢？当一个强于自己的人，轻易完成一件事情后，我们给他赞美的同时，我们也会发现他成功的原因，我们会在关注他的同时发现他强于我们的原因，我们会要求自己朝着他成功的方向去努力的，这总比我们嫉妒他、不服气他要好多了吧？当遇到一个做错事情的人，特别是那种做错事情又伤害我们的人，如果我们宽恕他，给他改过的机会，我们得到的肯定不再是气愤之类的感觉；当一个人遇到困难的时候，我们尽力帮助他，善待他，试想一下，当对方说谢谢的时候，我们得到的又是什么呢？

皖南山区某县有一个青年农民，他种的水稻品种好、产量高，他总是将自己的优良水稻品种无偿地送给村里的人。村民问他："你这样做不怕我们超过你吗？"这位青年农民回答："我将好种子送给你们，其实也是帮助了自己。"他知道，周围的人们改良了他们的水稻品种，可以避免自己的水稻品种产生变异，导致减产。

生活中常是这样：对人多一份理解和宽容，其实就是支持和帮助自己，善待他人就是善待自己。如同有句话说的那样：授人玫瑰，手留余香。

可见，善待他人是人们在寻求成功的过程中应该遵守的一条基本准则。在当今这样一个需要合作的社会中，人与人之间更是一种互动的关系。只有我们先去善待别人，帮助别人，才能处理好人际关系。

有人说良好的人际关系不单单是行动上做出来的，更是从心底里"流"出来的。这句话很有哲理性，它告诉我们在人际交往中要以诚待人，用"心"和他人交往。

在追求成功的过程中，任何人都离不开与他人的合作。尤其是在现代社会里，如果你想获得成功，就应该想方设法获得周围人的支持和帮助。只有你真诚地对待别人，对方才会与你真诚合作。请记住：善待他人也就是善待自己！

不要夸夸其谈

有些人讲话，常常不考虑听者的感受，也不让他人有讲话的机会，所以容易引起他人的不满。其实，话语不在多少，只要恰到好处地说到"点儿"上即可，说多了反而会引起别人的反感。

古人言："劳谦虚己，则附之者众；骄慢倨傲，则去之者多。"善于交际的人往往虚怀若谷，在谈话中给别人留一片天地，而自以为是之人常常口若悬河，夸夸其谈，不给别人留说话的空间。后者把自己看得很重，常常会让别人敬而远之，而前者常常把自己放得很低，虚心接受，自然会赢得大家的尊重。社交中多一点儿谦和、谦虚、谦让、谦恭能让你在危急时刻获得绝处逢生的机会。

科学史上有过这样一件事：一个年轻人想到大发明家爱迪生的实验室里工作，爱迪生接见了他。这个年轻人为表现自己的雄心壮志，说："我一定会发明出一种万能溶液，它可以溶解一切物品。"爱迪生便问他："那么你想用什么器皿来盛放这种溶液呢？"

年轻人正是把话说绝了，陷入了自相矛盾的境地。如果将"一切"换为"大部分"，爱迪生便不会反诘他了。

词用对了，修饰程度不同，说起来分寸就不一样。如"好"一词，可以修饰为"很好""非常好""最好""不好""很不好"等，这些词的使用要慎重。

好的修饰词能使意思表达完整，恰到好处；过于夸张或过于缩小的修饰词，则会与客观实际相冲突。屠格涅夫的小说《罗亭》中，皮卡索夫与罗亭有一段对话：

罗：妙极了！那么照您这样说，就没有什么信念之类的东西了？

皮：没有，根本不存在。

罗：您就是这样确信吗？

皮：对。

罗：那么，您怎么能说没有信念这种东西呢？您自己首先就有一个。

因此，遇到没有把握的事，一定要多用"可能""也许""或者""大概""一般"等模糊意义的词，为自己的判断留有余地。

话多的人不一定智慧多。在人际沟通中，说话切记不要旁若无人，滔滔不绝地讲个不停，应该给人留余地，让别人也有讲话的机会，这才是智者所为。

让声音和肢体语言为交流加分

在波兰有位明星，人们都称她为摩契斯卡夫人。一次她到美国演出时，有位观众请求她用波兰语讲台词。于是她站起来，开始用流畅的波兰语念出台词。观众们虽然不了解她台词中的意义，却觉得听起来令人非常愉快。

摩契斯卡夫人接着往下念后，语调渐渐转为低沉，最后在慷慨激昂、悲怆万分时戛然而止。台下的观众鸦雀无声，同她一起沉浸在悲伤之中。而这时，台下传来一个男人的笑声，他就是摩契斯卡夫人的丈夫——波兰的摩契斯卡伯爵，因为他的夫人刚刚用波兰语背诵的是九九乘法表！

从这个故事中我们可以看到，语调的不同竟然有如此不可思议的魅力。即使不明白其意义，也可以使人感动，甚至可以完全控制对方的情绪。

语调能反映出你说话时的内心世界，表露你的情感和态度。当你生气、惊愕、怀疑、激动时，你表现出的语调也一定不自然。从你的语调中，人们可以感到你是一个令人信服、幽默、可亲可近的人，还是一个呆板保守、具有挑衅性、好阿谀奉承或阴险狡猾的人。你的语调同样也能反映出你是一个优柔寡断、自卑、充满敌意的人，还是一个诚实、自信、坦率以及尊重他人的人。

所以，我们说话时，要能够渗进人们心中，这样才能达到说服别人的目的。因此，在表示有疑问的时候，你可以稍微提高句尾的声音；要强调的时候，声音的起伏可以更大些；要表现强烈的感情时，可以把调子降低或逐渐提高。

总之，绝对不要使你的语气单调，因为音阶的变化会加强你的说服力。你的热情会在音阶的变化中展现，并且能够感染听者，从而产生说服的力量。

控制一下说话的音量

我们每个人的音量范围的可变性很大，有的高，有的低，说话时，你必须善于控制自己的音量。高声尖叫意味着紧张惊恐或者兴奋激动；相反，如果你说话声音低沉、有气无力，会让人听起来感觉你缺乏热情、没有生机，或者过于自信，不屑一顾，或者让人感觉到你根本不需要他人的帮助。

苏珊是一家广告公司的资深业务经理，她最关心和留意客户的销售问题，并总是乐于帮助他人解决，但她的声音却让人听来讨厌，那尖叫的声音就像一个小女孩发出的叫声。她的老板私下说，我很想提升她，但她的声音又尖又孩子气，让人感到她说的话缺乏认真。我不得不找一个声音听起来成熟果断的人来担任此职。显然，苏珊就是因为自己说话的音量不合适而失去了晋升的机会。

有时，当我们想使自己的话题引起他人兴趣时，便会提高自己的音量。有时，为了获得一种特殊的表达效果，又会故意降低音量。但大多数情况下，应该在自身音量的上下限之间找到一种恰当的平衡。

培养恰如其分的节奏

缺乏节奏感的语言是平淡呆板的，而节奏感强的语言抑扬顿挫，富有表现力，是吸引听者的最大秘诀。

人们在表达欢乐、兴奋、惊惧、愤怒、激动的思想感情时，语流速度一般较快；在表达忧郁、悲伤、痛苦、失望或心情沉静、回忆往事的心理活动时，语流速度一般较慢。当然，也有例外的情况，如内心的思想感情是很紧张、很激动或很愤怒的时候，语流速度表现出来的却是平缓的，而听众正是从说话者的平缓的节奏中，感觉到说话者内心感情在强烈地变化着。

节奏感强的、动听的、连贯的语言，同唱歌和音乐有许多很相近的特点和因素。有些词语需急速地念出来，就像音乐中的8分音符和16分音符；另有些词语必须表现得有分量些，必须拖长些，就像全音符和2分音符；而连贯一气的词语，就像是二连音或三连音。

字母、音节和单字——这就是语言中的音符，可以组成小节、一首歌或完整的交响曲。正是由于这种有节奏的语言，才使人们的讲话变得富有魅力。因此，要使自己的口头语言如同音乐般优美动听，就必须注意语言的节奏。

语言节奏的处理，既是说话者感情的表露，也是说话者思想水平和涵养的表现。

适时的停顿

一般来说，句子越长，内涵越丰富，停顿就越多；句子越短，内涵越少，停顿也越少；表现回味、想象等心理状态和凝重、深沉的感情，停顿较多，时间较长；表现明快的节奏和欢快的心情，停顿较少，时间也短。

停顿的气息处理，必须根据语言的内容合理控制，有时急停，有时徐停，有时强停，有时弱停。这种气息强弱急缓的变化，是停顿表情达意的必要手段。

停顿训练要从语法停顿、逻辑停顿、感情停顿、生理停顿等概念的理解和各种标点如何停顿的方法的介绍开始进行，逐步深入到个体语言现象的分析，归纳出语流中的间隙停顿的规律。在此基础上，进行语段训练，录音后逐句评析。

可以根据要求做以下停顿设置练习：

（1）做领属性停顿练习："他当过营业员，干过报社记者，还做过电工。"（在"他"后做比后面逗号更长的停顿）

（2）做并列性停顿练习："过去我们没有被困难吓倒，现在我们也不会在困难面前畏缩不前。"（在"过去""现在"后安排停顿）

（3）做呼应性停顿练习："现在播送中央气象台今天早晨6点钟发布的天气预报。"（在"播送"后停顿，以表明与"天气预报"的响应关系）

（4）做区分性停顿练习："中国队打败了美国队获得冠军。"（若在

"了"后停顿就会产生歧义，应在"美国队"后停顿）

（5）做强调性停顿练习："自古被称作天堑的长江，被我们征服了！"（在"被我们"后作较长停顿，以突出征服长江的英雄气概）

（6）做回味性停顿练习："心灵中的黑暗必须用知识来驱除。"（这句名言在"暗"字处停顿，给人留有思辨回味的余地）

（7）做生理性停顿练习："我……我丢了佛莱思节夫人的项链了。"（在"丢了""夫人"后增设停顿，表现因惊惧而口舌不灵）

（8）做情绪转换性停顿练习："满以为可以看到壮美的日出，却淅淅沥沥下起雨来。"（在"日出"后延长停顿，表达热切希望心情的延续与情况突变的心理暗示）

调整好说话的语气

抗日战争时期，文学大师郭沫若在台下观看自己创作的五幕历史剧《屈原》的演出，他听到婵娟痛斥宋玉：

"宋玉，我特别恨你，你辜负了先生的教训，你是没有骨气的文人！"

郭老听后，感到"你是没有骨气的文人"这句话骂得还不够分量，就走到后台去找"婵娟"商量。"你看，在'没有骨气的'后面加上'无耻的'三个字，是不是分量会重些？"

这时，正在一旁化妆，扮演垂钓者的演员张逸生，灵机一动，插了话：

"不如把'你是'改为'你这'，'你这没有骨气的文人'，这多够味儿，多么有力！"

郭老拍手叫绝，连称："好！好！"

这一字之改，不仅使原来的陈述句变为坚决的判断句，而且使语言有强烈的感情色彩，语气也更加有力，婵娟的愤怒之情溢于言表。

一个人只要驾驭了语气，就能够出口成章。

语气包含思想感情、声音形式两方面内容，而思想感情、声音形式又都是以语句为基本单位的。因此，语气的概念又表述为具体思想感情支配下的语句的声音形式。语音作为语言的物质外壳，是语气表达所必须依据的支持物。语言有表意、表情、表志的作用，语气相应也分为3种：

（1）表意语气。表意语气指的是向对方传递某种信息。如陈述、疑问、祈求、命令、感叹、催促、建议、商量、呼应等。这种语气词或独立成小句，或用于小句末，或用于整个句子末尾。指明事实，提请对方注意，用"啊、呢、咯、嗯"等；催促、请求用"啊、吧"；质问、责备用"吗"，如与副词"难道"搭配，语气更为强烈；说理一般用"嘛"和"呗"；招呼、应呼用"喂"；揣测用"吧"。

（2）表情语气。表情语气是谈话中表现的感情。如赞叹、惊讶、不满、兴奋、轻松、讽刺、呵斥、警告等。赞叹用"呵、啧"，句中常有"多"字搭配；惊讶用叹词"啊、哎、哟、咦"；叹息用"唉"；制止、警告用"嘘、啊"；醒悟用"哦"；鄙视用"呸"，等等。

（3）表志语气。表志语气，就是对自己的说话内容表示某种态度。如肯定、不肯定、否定、强调、委婉、和缓等。肯定用"得了（是）……的"；缓和用"啊、吧"，语气显得平淡，不生硬；夸张用"呢、着呢"。

握手是人们平日运用得最多的一种手势语言，它承载着丰富、深邃而微妙的信息。一般说来，上级与下级、长辈与晚辈、女性与男性、主人与宾客之间，应由上级、长辈、女性、主人先伸出右手，下级、晚辈、男性、宾客才能伸出右手与之相握。握手力度要均匀适中，这是礼貌、热情、友善和诚恳的表示；而握手用力太轻，被认为是冷淡、不够热情；用力太重，又会显得粗鲁无礼。

鼓掌通过左右手掌发出声响来表达情感或信息，在不同场合有不同的含义：在迎接宾客时鼓掌，是表示热烈欢迎；听报告时鼓掌，一般为赞扬演讲者讲得好；在告别会上鼓掌，则是表示感谢和惜别之意；在开座谈会时鼓掌，则含有支持、赞同之意。鼓掌常用来喝彩，在某种特殊的场合，它也可用来喝倒彩。喝倒彩时鼓掌，一般比吹口哨、扔果皮、丢食物的拒绝方式要文明委婉些。

在各种交际场合，遇到了相识的人，如距离较远，一般可举手招呼，也可点头致意，还可脱帽致意；遇到不熟悉的朋友，可点头或微笑致意；送别客人或朋友时，可举手致意，或挥手致意，也可挥手帕致意，或挥动帽子致意。手的挥动幅度越大，表现的感情也就越强烈。

手是不会说话的，只能做手势。但是，在许多不需要说话或不便说话的场合，手势就派上用场了。的确，手势在交际中有助于吸引听众的注意力，丰富谈话的内容。

摆正体姿

体姿语言是语言表达的一种特殊方式，在当今社会，通过体姿表达信息不仅是"修身养性"的基本要求，还是用来表示仪表、传递信息的重要体态语言。

在社会交际中，雅俗的表现与显露，姿势是一个衡量的重要标志。姿势在礼节上是一种文明修养的表现，也是一个人良好素质的反映。优美的姿势联系着一个人的心灵，可以说是心灵舞姿的外化。形体动作的词汇是非常丰富的，它不仅可以传情达意，更可透露一个人的心态。不同的姿势可以反映一个人特定条件下的心态，通过姿势可以准确地窥测其心灵的俗与雅。

姿势是雅俗表现与显露的必要标尺，人的身体的每一个姿势变化通常都反映了交际者的文明程度。比如，社会交往中，步伐矫健，轻松敏捷，能让人感到年轻、健康和精神焕发；步伐稳健，端正有力，给人以庄重、沉着和自信的印象；步履蹒跚，弯腰弓背，垂首无神，摇头晃膀，往往给人以丑陋庸俗、无知浅薄或是精神压抑的印象。又比如，交谈时高跷二郎腿，随心所欲地搔痒，习惯性地抖腿或是将两手夹在大腿中间和垫在大腿下，或是张开两腿呈现"大"字形，或有女性在场时，半躺半坐、歪歪斜斜地瘫在座椅上，都是失礼而不雅观的，会给人留下缺乏教养、低俗轻浮、散漫不羁的不良印象。

穿着得体

"人靠衣装马靠鞍。"着装艺术会直接反映出人的修养、气质与情操，它往往能赶到别人认识你或你的才华之前，向别人透露出你是何种人，是给人的第一印象。在这方面稍下一点儿功夫定会事半功倍。

怎样的穿着才好呢？首先我们必须把握着装的基本规范，继而是颜色的选择。

1. 按规定着装

重大的宴会、庆典和商务谈判，尤其是涉外性商务活动，组织者所发请柬上有时专门注有着装规定，参加者就应按规定着装。如果组织者没有具体的着装规定，参加者也应穿着较正式的服装。我国没有礼服、便服的严格区分。通常，男士较正式的服装为上下同色同质的毛料中山装、西装或民族服装等；女士则可穿各式套装、民族服装、旗袍或连衣裙等。

2. 按规范着装

正式场合的着衣配装有一定的礼仪规范。如中山服的着装规范是扣好衣扣、领钩和裤扣，不把衬衣领口翻出，皮带不得垂露在外。穿长袖衬衣应将前后下摆塞入裤内，袖口、裤腿不能卷起。西服的着装规范更为严格。任何服装均应清洁、整齐、挺括。衣服应熨平整，裤子熨出裤线。衣领袖口要干净，鞋面要光亮。女士着裙装、套装应配以皮鞋或不露脚趾的皮凉鞋。不能赤足穿鞋，鞋袜不得有破损。

西服已发展成为当今国际上最标准通用的礼服，也可以说是商人的工作服，能在各种礼仪场合穿着。因此，它的穿着有相当统一严格的模式和要求。只有与之相符的穿着才被认为是合乎礼仪的。其具体的礼仪规范为：

（1）西装的纽扣。西服上装有单排纽和双排纽之分，单排纽又有单粒扣、双粒扣、三粒扣之别。在非正式场合，一般可不扣，以显示潇洒飘逸的风度；在正式场合，要求将实际扣即单粒扣、双粒扣的第一粒、三粒扣的中间一粒都扣上，其余的都是样扣，不必扣上。双排纽西装一般不要敞开穿。

（2）西装的领带。在正式场合应配领带。领带必须系扎在硬领衬衫上。领带系好后，上面宽的一片要略长于底下窄的一片，不能相反；领带尖须刚抵腰带上端。若内穿背心，领带必置于背心内，领带尖也不能露出背心。领带的结法颇有讲究，常见的标准系法有：活领结系法，适合纽扣靠下的衣领或标准衣领；大领结系法，适合于欧式方领和较大翻领的衬衣。

（3）西装的衬衫。与西服配套的衬衫应挺括整洁无皱褶，尤其是领口。衬衫下摆要塞进西裤，袖口需扣上不得翻起。如不系领带，可不扣领扣。袖长以露出西装衣袖 1～2 厘米为合乎要求。衬衫领子要高出西装领子约 1 厘米。

（4）西装的套件。西装有单件上装和套装之分。非正式场合，可穿单件上装配以各种西裤或牛仔等时装裤。半正式场合，应着套装，可视场合气氛在服装色彩图案上大胆些。正式场合，必须穿颜色素雅的套装，以深色、单色为宜。

3. 衣着色彩的选择

衣着色彩的选择主要是做到两方面，一是与环境的和谐，二是与人的和谐。

（1）色彩与环境和谐。衣色要与所处环境的色彩和整体氛围相和谐。

社会环境包括职业场所、政治集会、商业街区、宾馆酒店、文娱场馆、家庭居室等。职业场所对服装色彩的要求最为具体。除有专门标志服饰的行业外，每个人要善于按自己的职业角色形象配色。在商务谈判会中需选沉稳、庄重的色调，给人严谨可信的印象；在宾馆酒店的晚宴酒会上，配色应当浓重华丽，产生雍容华贵的气派感；在家庭居室，择色应趋于淡雅柔和，充满温馨浪漫的气息。另外，还要注意把握色彩的民族性、地域性和时代性特征。

颜色的搭配也是值得注意的。一般常用的理想搭配是：

红色配淡褐，深红配浅蓝；

深蓝配灰色，土红配天蓝；

棕色配橄榄色，宝蓝配鲜绿；

炭灰配浅灰，粉红配亮绿；

金黄配朱红，玫瑰配深红；

栗色配绿色，橙色配淡紫色；

黄色配棕色，浅蓝配浅紫；

草绿配猩红，紫色配黄、橙；

海蓝配朱砂，宝蓝配鲜绿；

中棕配中蓝，酒红配黄红；

原色组合，红、黄、蓝。

衣着打扮对于演讲者来说也非常重要。

（2）色彩与人的和谐。着装行为中，人是主体，色彩选择应首先与人和谐。这种和谐表现在色彩与人的体型、肤色、发色等外在条件的和谐，以及与人的气质、性格等内在条件的和谐。

根据体型选择衣色，强调或改善体型。体胖或高大者择色以冷色调为主，宜深不宜浅，宜柔和文雅，不宜浓艳鲜亮；体瘦或矮小者，择色以暖色调为主，宜浅不宜深，宜明艳亮丽，不宜色彩晦暗。要注意利用衣色的明亮或暗淡来强调人体的优美部分或掩饰人体的不美部位。

根据肤色选择衣色，以映衬和改变肤色。肤色浅黄者，是中国人中的肤色白净者，择色范围较广，不过，若肤色苍白，宜选偏暖色调，忌穿紫红色，选黑或白色上衣则会"雪上加霜"，肤色白里透红，应避免择纯红或纯绿色上衣；肤色偏黄者，宜选橙红类的偏暖基调的服装，增加皮肤红润感，忌穿明度高的青蓝、黄绿、紫色调；肤色暗黄和浅褐者，皮肤较黑，宜选柔和明快的中性色调，增加明朗、健美感，不宜着黑色、绛紫、黑绿、深褐等深冷色调的上衣。

根据个性选择衣色，以体现和突出个性。热情活泼者宜择浓艳活跃的色系；内向文静者宜择淡雅平稳的色系；老成持重者应选蓝灰基调；严肃冷峻者应选黑褐基调，等等。

口才是有声语言和无声语言的综合，仪表形象是成功谈话的基础，是你留给别人的一种印象。干净、端庄、整齐、得体的穿着会让人对你有一种可靠可信之感。

第二章

带着同理心说话，做人生赢家

——情商高懂得换位思考

说话的魅力在于真诚

真诚的语言是最能打动人的，巧妙地运用充满真情诚意的话语，可以促使说者与听者产生情感共鸣，可以使双方的关系变得融洽，从而营造出一种良好的沟通氛围，赢得广泛的人际关系，为成功创造有利的条件。

1915 年，小洛克菲勒还是科罗拉多州一个不起眼儿的人物。当时，发生了美国工业史上最激烈的罢工，并且持续达两年之久。愤怒的矿工要求科罗拉多燃料钢铁公司提高薪水，小洛克菲勒正负责管理这家公司。由于群情激奋，公司的财产遭受破坏，军队前来镇压，因而造成流血事件，不少罢工工人被射杀。

那种情况，可以说是民怨沸腾。小洛克菲勒后来却赢得了罢工者的信服，他是怎么做到的呢？

原来，小洛克菲勒花了好几个星期结交朋友，并向罢工者代表发表了一次充满真情的演说。那次的演说可谓不朽，它不但平息了众怒，还为他自己赢得了不少赞誉。演说的内容是这样的：

"这是我一生当中最值得纪念的日子，因为这是我第一次有幸能和这家大公司的员工代表见面，还有公司行政人员和管理人员。我可以告诉你们，我很高兴站在这里，有生之年都不会忘记这次聚会。假如这次聚会提早两个星期举行，那么对你们来说，我只是个陌生人，我也只认得少数几张面孔。由于上个星期以来，我有机会拜访整个附近南区矿场的营地，私下和大部分代表交谈过，我拜访过你们的家庭，与你们的家人见过面，因而现在我不算是陌生人，可以说是朋友了。基于这份相互的友谊，我很高兴有这个机会和大家讨论我们的共同利益。由于这个会议是由资方和劳工代表所组成，承蒙你们的好意，我得以坐在这里。虽然我并非股东或劳工，但我深觉与你们关系密切。从某种意义上说，也代表了资方和劳工。"

这样一番充满真诚的话语，可能是化敌为友的最佳途径。假如小洛克菲勒采用的是另一种方法，与矿工们争得面红耳赤，用不堪入耳的话骂他们，或用话暗示错在他们，用各种理由证明矿工的不是，那结果只能是招惹更多怨恨和暴行。

此外，在人际交往中，我们经常会遇到"祝贺"这种交往形式，一般是指对社会生活中有喜庆意义的人或事表示良好的祝愿和热烈的庆贺。通过祝贺表示你对对方的理解、支持、关心、鼓励和祝愿，以抒发情怀，增进感情。

祝贺的语言要真诚、富有感情色彩，语气、表情、姿态等都要有情感性。这样才会有较强的鼓动性与感染力，才能达到抒发感情、增进友谊的目的。

道歉也是人际交往中常见的交流活动。为人处世，犯错误总是难免的，毕竟"人非圣贤，孰能无过"。但是犯错误后的态度人们却非常重视。所以犯错误时，我们首先要坦率承认、真诚道歉。

你道歉的时候态度真诚，别人就会很轻易地原谅你。相反，有的人在犯错时态度极差，道歉时让人看不到一丝真诚，有的甚至根本就不道歉，只是一味地为自己辩解。结果使彼此之间的裂痕越来越大。

"有朋自远方来，不亦乐乎""最难风雨故人来"都道出了朋友间所凝聚的真情厚谊，反映了他们肝胆相照，充满真诚的交往过程。可以说，充满真诚、以诚暖人是交友说话、打动人心的重要因素，是赢得知心朋友的重要所在。

温语相求化冷面

会说话与会办事是相辅相成的。话说得好听，说得到位，对方才乐意接受你提出的条件和要求。只有温言相求，拣对方爱听的话说，才有利于事情的解决。

西汉初年有一个叫季布的人，他为人正直，乐于助人。不管谁有困难，他都会热心地帮忙，所以在当时名声很好。季布曾经是项羽的部将，他很会打仗，几次把刘邦打败，弄得刘邦很狼狈。刘邦夺取天下后，便下令缉拿季布。季布的邻居周季将其秘密藏起，并请出战功赫赫且与刘邦关系亲近的夏侯婴出手相助。经夏侯婴的说情，刘邦终于赦免了季布，还封他为郎中。不久又任命他为河东太守。

当时，楚地有个名叫曹丘生的人，能言善辩，专爱结交权贵。季布原来和这个人是邻居，很瞧不起他，偏偏曹丘生听说季布又做了大官，一心想巴结他，特地请求皇亲国戚窦长君写一封信给季布，介绍自己给季布认识。窦长君早就知道季布对他印象不好，劝他不要去见季布，免得惹出是非来，但曹丘生坚持要窦长君介绍。窦长君无奈，只好勉强写了一封推荐信，派人送到季布那里。

季布读了信后，很不高兴，准备等曹丘生来时，当面教训教训他。过了几天，曹丘生果然登门拜访。季布一见曹丘生，就面露厌恶之情。

曹丘生对此毫不在乎，先恭恭敬敬地向季布施礼，然后慢条斯理地说："我们楚地有句俗语，叫作'得黄金百两，不如得季布一诺'。您是怎样得到这么高的声誉的呢？您和我是邻居，如今我在各处宣扬您的好名声，这难道不好吗？您又何必不愿见我呢？"

季布觉得曹丘生说得很有道理，顿时不再讨厌他，并热情地款待他，留他在府里住了几个月。曹丘生临走时，还送他许多礼物。曹丘生确实也照自己说过的那样去做，每到一地，就宣扬季布如何礼贤下士，如何仗义疏财。这样，季布的名声越来越大。

在这个故事中，季布本来是很讨厌曹丘生的，但是曹丘生却依靠自己的温言相求，使季布对自己冰释前嫌，这不能不说是语言的功劳，有谁会忍心拒绝别人的温语相求呢？正所谓"精诚所至，金石为开"就是这个道理。

感激之情要溢于言表

中国是有着五千年文化传统的礼仪之邦，中国人向来是重感情的，但含蓄内敛的天性又使得我们不善于表达自己内在的感情。在人们的日常生活和社会交往中，"谢谢"这两个字具有非凡的社交魅力。

很多人并非不想表达他们的感激之情，只是不知道该如何开口，所以选择了沉默。还有些人，他们充满感情的表达却让对方感到不自在。善于表达，懂得说谢谢的社交高手总是在表达的时候让人感到内心的愉悦。

当然，在人际交往中，怎样说"谢谢"应注意以下几点。

1. 角色意识

不同的人心理是不同的。对什么人说"谢谢"和怎样说"谢谢"都很有讲究。因此,你在说"谢谢"时要讲究点儿"角色意识"。例如,小伙子对大姑娘表示感谢,要采取慎重的态度。那种说"谢谢你,想不到你一直在想着我"之类的话很容易造成误解。此外,感谢还要针对对方的不同身份特点而采取相应的方式。老年人自信自己的经验对青年人有一定的作用,青年人在表示感谢时,就应采取敬重的态度。比如说:"谢谢您,您的这番话使我明白了许多道理……"这会使老年人感到满足,并对你产生好感,认为"这个小青年不错,孺子可教也"。对大一点儿的女性,感谢她们时,可以说:"你真好!"这比简单地说"谢谢你"更好一些。

2. 言为心声

"谢谢"应该是心中一腔感激之情在语言上的自然流露。要做到声情并茂,语调欢快,吐字清晰,而不能含混不清、嘟嘟哝哝,而且说"谢谢"时,眼睛要看着被感谢人,脸上应有诚恳、生动的表情,并配以恰当的手势动作。不过,动作不要夸张死板。可以设想一下,您在感谢时,倘若手舞足蹈、举止轻浮,一下子拍拍对方的肩,一下子拉拉对方的手,或者表情木然,低着头或看着别人,那么,对方肯定会心生不快之感。

3. 注意场合

如果与对方单独在一起时,对他(她)表示感谢,一般会有好效果,也不会使被感谢人难堪。同时,还要注意双方的关系。例如,双方是一般熟人或同事关系,可以用直接"感谢您""非常感谢"之类的话。可用称赞语或陈述语来表达谢意。儿子对妈妈就可以说:"妈妈,您真好,是天底下最好的妈妈。"

4. 形式多样

感谢从不同的角度分，有不同的种类。有对对方个人的感谢，也有对对方单位的感谢；有对对方行为的感谢，也有对对方人品的感谢；有个人之间的感谢，有群体之间的感谢，还有国家之间的感谢；有语言的感谢，有礼物的感谢；有口头的感谢，有电话感谢，有信函感谢……应选用恰当的类型与渠道，例如做客时受到盛情款待，可以在第二天打电话表示感谢。如果是公事访问，可以在访问之后用电报信函方式表示感谢。

要记住：与别人交往时，"感激之情要溢于言表"，一声源自内心的感激，一定会赢得别人的心。此外，表达感激时最重要的是要端正自己的态度，表达你的感激时最好要专注地看着对方，这样你的话才显得是出于真心的，你的感情才显得真挚。

说话不要踩上"雷区"

"雷区"也就是一个忌讳，说话时千万不可以踩上"雷区"。因为你一旦踩上"雷区"，极易造成交际的失败，往往也会浪费你的一片苦心，甚至引起别人强烈的反感。因此，了解他人的"雷区"是在人际交往中游刃有余的不可忽视的环节。

"雷区"主要有生理和心理两种。

1. 生理"雷区"

一些有生理缺陷的人都会对他们的生理缺陷非常敏感。因此在与这类人交往时，要特别谨慎。不要对秃顶的领导说："你真是聪明绝顶。"也不要对双臂残疾的领导说他"两袖清风"。也尽量不要当着双腿残疾的人赞美别人说"我佩服得五体投地"之类的话。这样会使他们的心里留下阴影，甚至会使有生理缺陷的人误以为你有意嘲笑他。但一般说来，生理缺陷比较容易发现，只要稍加留意便可避免。

2. 心理"雷区"

心理"雷区"往往是由于某些人因为一些特殊的经历所形成的，那些不愉快的记忆隐藏在人们的心中，无形中会形成一种忌讳。

有一位下属给他的领导去祝寿，当着众人的面，他向领导作祝词时说："希望我们的王厂长将来能大富大贵、儿孙满堂。"一席话说得王厂长脸色发青。原来王厂长的独子刚刚在车祸中过世，其妻子因为已经绝育，没有再生育的能力，而这位下属初来乍到，因此并不知情。而这位厂长却以为他故意嘲笑他断子绝孙，因此不顾贵宾云集，竟摔杯而去，弄得这位下属很尴尬。这位下属虽然并不是有意，却冲撞了王厂长的忌讳，结果弄得不欢而散。

在与朋友相处时，有时会因为二人关系密切，习惯成自然，对对方的忌讳满不在乎，结果往往使朋友陷入尴尬的境地，有时甚至会致使二人的感情破裂。

钱英和张敏是一对形影不离的好朋友，二人私底下无话不谈。在一次同学聚餐上，钱英一时兴起，笑着对大家讲了张敏暗恋班上某男生的事，而那位男生已经有了女朋友，而且当时也都在场，一时间，弄得张敏下不了台，气着跑开了。这就警示我们，千万不要在众人面前暴露好朋友的隐私，既然是隐私也就是不愿意让他人知道，如果让他人知道就冒犯了他或她的忌讳，是很不够朋友的表现。

心理上的雷区并不仅仅体现在个人的经历与隐私上，还表现在意识形态以及生活习惯上。比如对方若是信奉佛教，你就不可与其大谈各种肉类的口感及味道，或是狩猎等与杀生有关的话题。信奉佛教的人往往清心寡欲，慈悲为怀，谈这些话题往往会引起对方的反感。每个宗教都有本身的禁忌的事物，最好能有所了解，以避免在谈话中导致冲突，以致尴尬无法收场。

当然，我们不可能尽善尽美地做到与任何人融洽地交谈，有些冲突也在所难免。但在说话之前，应尽可能了解对方的情况，对对方的好恶应有所了解，并且在谈话中，应保留一些敏感话题，以免出现意外情况，犯着对方忌讳，让自己吃不了兜着走。

从顺着对方的话开始，让对方放松下来

跟人交谈的时候，不要以讨论不同意见作为开始，而要以强调而且不断强调双方所共识的事情作为开始。即使对方已经拒绝了，你也应该尽量顺着这个思路说。要尽可能在开始的时候说"是的，是的"，尽可能避免让他说"不"。一位知名教授曾在他的书中谈道："一个'否定'的反应是最不容易突破的障碍，当一个人说'不'时，他所有的人格尊严，都要求他坚持到底。也许事后他觉得自己的'不'说错了，然而，他必须考虑到宝贵的自尊！既然说出了口，他就得坚持下去。"

一位日本政客正在演讲时，遭到当地一个妇女组织代表的指责：

"作为一个政客，你应该考虑到国家的形象，可是听说你竟和两个女人发生了关系，这到底是怎么回事呢？"

顿时，所有在场的群众都屏声敛气，等着听这位政客的桃色新闻。

政客并没有感到窘迫难堪，而是十分轻松地说道："不止两个女人，现在我还和五个女人发生关系。"

这种直言不讳的回答，使代表和群众如坠雾里云中，迷惑不解。

然后，政客继续说："这五位女士，在年轻时曾照顾过我，但现在她们都已老态龙钟，我当然要在经济上照顾她们，在精神上安慰她们。"

结果，那位代表无言以对，而观众席中则掌声如雷。

这位政客开始不仅没有反驳那位代表，甚至承认自己的"坏事"。但随后一番言语，都实际上是反驳那位代表。这种从顺着对方的话开始，最终却成为一个否定意思的说话方法，既给了对方面子，又达到了自身目的，十分巧妙。

一开始就对对方的意见持绝对否定观点，意味着从开始就要陷入争论之中。善于说话的人懂得先顺着对方的话说，一开始就抵消一些敌意，让对方放松下来，对你接下来的意见也会更宽容一些。

别人郁闷时多说些让他宽心的话

最近几年流行一个词：郁闷。所谓郁闷，也就是遇到了不顺心的事情，心情不好。在这个竞争激烈的社会，人们经常会遇到让人郁闷的事情，也经常会碰到正处在郁闷中的人。现在就出现一个问题：对郁闷的人怎样安慰？说什么话比较好？正确的方式是多说理解的话。

要想对郁闷的人说些理解的话，首先要弄清对方为什么郁闷。如果不知道原因，随便地安慰一气，就可能会火上浇油。有这样一则笑话：

有一个妈妈带着她的小宝贝出去，在公交车上哄着她的宝宝。

有一个乘客很好奇地把头凑过来看了就说："哇！好丑的宝宝！"

妈妈听了好难过，就一直哭，一直哭。

后来公交车停到某一站，上来了一些新的乘客。

有一个好心的乘客看她哭得这么伤心，就安慰她说："这位女士你为什么哭得这么伤心呢？凡事都要看开点儿，没有解决不了的事情嘛！好了，好了，不要再哭了。我去帮你倒杯开水，心情放轻松点儿嘛！"过了一会儿，那个乘客真的倒了一杯水给她说："好了，别再哭了，把这杯水喝了就会舒服点儿，还有这根香蕉是给你的猴子吃的。"

这位妈妈听了，差点哭晕过去。

笑话里面的那位好心的乘客还没有弄清女士为什么在那儿哭，就随便安慰一通，当然会驴唇不对马嘴了。所以说，首先应该知道别人郁闷的原因，然后对症下药，才能说出真正理解人的话，达到安慰的目的。

小罗是一名大学生，他很喜欢一个女同学。大家都知道这个女同学跟一个家里很有钱的男生非常暧昧，就经常劝小罗一定要小心。但俗话说"当局者迷，旁观者清"，小罗一直说那女同学告诉他了，她跟那个男生只是一般的朋友关系。

这种状态维持了半年，突然有一天晚上，小罗垂头丧气地回到了宿舍，什么也不说就躺到床上。晚上熄灯很久了他还在那儿辗转反侧。第二天大家问他怎么回事，小罗伤心地说那个女孩昨晚约他出去，说从来没喜欢过他，自己现在是别人的女朋友了。

大家听了七嘴八舌地教训小罗，说他早就应该听大家的劝，弄到今天是活该。只有小王默默地听着。午饭的时候他把小罗约到一个饭馆，拿了两瓶啤酒，一边吃一边聊。小王告诉小罗，他自己也碰到过类似的事情，所以非常理解他。自己当时也是很难走出那种心灵的痛苦，幸好一个学心理学的同学告诉他多出去走走，多跟人交往，不要把自己封闭起来，他照着做了之后，才在较短的时间里恢复了过来。他劝小罗重新拾起信心，面对生活，好女孩多的是，不一定非要指着一个不爱自己的要。

小罗听了他的话，精神稍微振作了一些。此后他积极地参加集体活动，加上大家也都热心帮助，他很快就恢复了乐观的生活状态。

有一句话叫"理解万岁"。家家都有本难念的经，我们在自己碰到郁闷事情的时候希望得到别人的理解；而在别人郁闷的时候经常不能理解对方的心情，不能发自肺腑地说出理解的话。其实如果设身处地想想，别人和自己是一样的，自己希望别人理解，别人又何尝不是呢？多说些理解的话，别人就会把你当成真心朋友，赞赏你，信任你，把你当成知己。在你郁闷的时候也会真心地理解你，说一些让你宽怀的话，人际关系的局面不是会就此大大地好起来了吗？

多请教，以满足他人的为师欲

古人云："人之恶在于好为人师"，从中可见，一般人都有这样愿意做别人的老师的心理。

在与人交往时，你也不妨做一个忠诚的听众，把别人都当成自己的老师。少说多听，做一个学生，给对方充分表现自己的机会，最后达到自己的目的。这就是"甘为人徒"法的根本所在。

李和陆是同一所名牌大学的毕业生，他们的成绩都很优秀。两人应聘到同一家单位。一年以后，陆提升为部门主管，李则调到公司下属的一家机构，地位明升暗降，因为没有任何实权。为什么？

他们刚到该单位时，领导各交给他们一项工作，并交代他们可以全权处理。

　　小李接到工作任务后，做了精心的准备，方案也设计得十分到位。他一心投入工作，全然不记得要向领导请示一下。领导是开明的，既然说过他全权处理，自然也不干涉，但也没有和下面人交代什么。等到小李把自己的计划付诸实践，各部门人员见他是新来的，免不了有些怠慢，小李心直口快，与某人顶了起来，这可惹了麻烦，因为这人正是公司总经理的亲信。后果可想而知，他的工作处处受阻，最后计划中途流产。

　　小陆接到工作任务后，经过周密分析调查，提出了若干方案给领导看，又向领导逐条分析利弊，最后向领导请教用哪个方案。这时，领导对他的分析已经很信服，当然采取了他所推荐的那个方案。这时他又问领导如何具体实施。领导说，你自己放手干吧，年轻人比我们有干劲儿。陆连忙说，自己刚来，一切都不熟悉，还得多听领导的意见。因为陆的态度谦恭，意见又到位，领导很满意，当即给几个部门的主管打电话，让他们大力协助小陆的工作。因为有了领导的交代，小陆在实施自己的方案时又时时注意与各部门人员协调，他的工作完成得既快又好。

　　多请教，满足他人的为师欲，那么你会受益匪浅。当然以人为师少说为佳，但并不是不说话。若能把这条计策运用好，你还得说话。你说话的目的在于提问的方式，使对方口若悬河，使对方心里有一种满足感和被尊重感，这时你再提出要求，就容易实现了。

学会尊重，私底下指出别人的缺点

每一个人都难免有缺点，并且可能在不同的场合表现出某种缺点来，破坏气氛。面对这种情况怎么办？是当场指出别人的缺点，还是先忍下，等到私底下再指出来？作为讨人喜欢的说话方式，私下指出应该是面对别人缺点采取行动的第一步。但有的人却常常要么容忍别人的缺点，要么就直接对外宣扬，让别人下不来台。这里的教训实在值得我们思考。

做人要拥有一颗宽容的心。"金无足赤，人无完人"。记得有位专家说过，不要苛求别人的完美，宽容让你自己不断完美起来。在别人的某些缺点比较严重时，我们应该以私下谈心的方式委婉指出，急风暴雨不如和风细雨，当场训斥不如私下平心静气、施以爱心。只有我们拥有了一颗宽容的心，别人才能感受到我们的真诚，在我们指出他们缺点的时候才能心悦诚服地接受。

在朋友之间，指出缺点总是要担负点儿伤和气的风险的，但作为朋友应该承担这种风险。风险有大有小，关键是用的方法适当与否。从小处说，就是在私底下指出别人的缺点。人总是要讲点儿面子的，指出缺点更应该顾及对方的面子，说话尽可能婉转一些，尤其不要当众给朋友生硬"挑刺儿"。即使在私下场合指出缺点和错误，也应充分考虑如何让对方愉快地接受。最好先聊聊其他事情，以便在沟通感情、融洽气氛的基础上再婉转地指出问题。

指出缺点更多时候是发生在角色地位并不平等的人之间，比如上司对下属，老师对学生。这些情况下可以公开指出缺点吗？当然不应该，照样应该维护下属和学生的面子。

当员工违背明确的规章制度时，当然应当众指出其过错，在让他认识到缺点错误的同时，也可对其他人起到警示作用。假如员工在工作上出现小小的失误，而且不是有意的行为，可在私下为其指出来，或以含蓄、暗示的方式使其意识到自己的缺点。这样既能维护他的面子，又能达到帮助他改正缺点的目的。

要时常反问自己："处理这件事最合乎人性的方法是什么？"当员工把事情弄糟了，有的领导者则会把犯错误的员工当着其他员工甚至是这个员工的下属一通训斥。而人性化的领导者会在私下里跟员工谈心，指出缺点，并且帮助他们找出适当的方法去做好事情，并且会肯定他们已经做得很好的部分，以免让这些员工丧失信心。

所以作为上司，假如下属真的表现出了比较严重的缺点，一般应私下单独找他谈话，指出来。引导他今后如何正确处理类似的问题及注意事项，避免再犯同样的错误。只有这样，下属有问题才愿找上司反映或沟通谈心。这样一来就会在员工中树立一个良好的形象。

作为老师，对学生的缺点也要有一些"春秋笔法"。

刘老师班上有个女生很优秀，一段时间看到别人比自己成绩好，心里有些不平衡。刘老师通过网上聊天工具和她聊天，直言不讳。这个女生很感激，情绪理顺了。对其他有缺点的学生，刘老师也尽量采取类似方法。"刘老师照顾我们的面子，我们也尽力改正。"一位教育专家这样评价刘老师：刘老师这样做是讲策略，育人工程最艰辛，关键要用心！

有一次，刘老师经过教室，听到一位同学用粗话骂老师，他装作没听见，事后私下把那个同学请到办公室，告诉他老师已经听到他说的那句话，但不想当着全班人来批评他，是为了尊重他。这样他很诚恳地承认了错误并向老师道歉，后来他变得很有礼貌了。试想，如果刘老师当时走进教室狠批一顿，不但自己下不了台，而且有可能换来学生第二次更难听的粗话。

所以，尊重别人，在私底下指出其缺点，既是对别人的关爱，也会赢得别人对你的尊重。

用谦虚的态度和人说话

中国人自古以来视谦虚为美德，虽然有人将其视为"虚伪"，但不谦虚的人还是很难获得大家的一致认同的。我们心里可以很自信，多数时候还是要谦虚一些，尤其是要用谦虚的态度和人说话。

首先是不目空一切、居功自傲。

有的人做出一点儿成绩、取得一点儿进步，就飘飘然起来。跟谁说话都趾高气扬，到处夸耀自己，搞得大家都为之侧目。

小杨是一家广告公司的职员，他设计的一个平面广告作品获得了一项大奖，经理在员工会上好好表扬了他一番，并让他升任主管。小杨认为自己是个人物了，从此以"专家"自居。一次，经理接到一个平面设计任务，请小杨来评价评价。小杨唾沫飞溅地说了半个小时，设计被批得一无是处，最后结论是：应该返工重来。经理对这个设计本来比较满意，听了小杨的话极不高兴，从此疏远了他。

又过了两年，公司里另一个职员小石也得了广告大奖。他吸取了小杨的教训，说话非常谦虚，态度和善，很得大家喜欢。

其次要适当使用敬语。

敬语能表现说话者对对方的态度。因此，对听话者来说，可以根据对话是否使用敬语，了解对话人把自己置于什么地位。例如，科长想请新职员去喝酒，叫道："你也来吧！"如果职员回答"好，去"会怎样呢？科长会认为新职员不理解对上司应使用的语言，看低了自己，内心是不会平静的。这样一来，科长就会用另一种眼光看他。由于没有使用敬语，招致对方改变对自己的态度，日后关系将会变得微妙。

常常听到有人说"近年来年轻人连敬语的使用方法都不知道，真可气"，这就是虽然本人没有恶意，但由于没有使用适当、确切的敬语，致使人与人之间的关系产生了隔阂的明证。

与其相反，使用适当的敬语，双方不仅能正常地保持人际关系，还会提高别人对你的评价，特别是对女职员来说，更是如此。有人说："适当的时候，使用适当的敬语对女性来说，是语言之美的至高境界。"的确是这样。想想看，与前述相同的场面，如果对于"你也来吧！"回答说："好，一定参加。"就会使人多少有些美感。心目中对上司抱着什么态度，从语言中可以大体看出来。这种语言的运用，可以协调上级与部下、年长者与年轻者之间的关系，使听的人感到熨帖。因为那种语言会使人感觉到有教养，感情丰富。

最后，要请人评判自己的意见。

我们可以看到，有许多真正伟大的人物，总是很谦虚地请别人评判自己的意见，因而获得别人的赞同。以谦虚的态度表示独特的见解，对使别人信任我们的意见及计划都很有效用；我们知道多数成功的领袖，常常应用这个策略。

有的时候也需要争辩。比如两个喜欢辩论的朋友，经过一次辩论，也许对于双方都是有益而愉快的。美国威尔逊总统曾经对朋友鲍克接连问了一小时的问题，使得他不得不拥护在他自己看来绝对相反的意见。但到了末了，威尔逊使鲍克感到吃惊的是：他告诉鲍克，他已经改变了主意，他已经醒悟了，而从另外一个观点去观察这个问题。鲍克非常吃惊，从此对威尔逊更加敬重了。这种策略，可以当作能够引起友爱的一种方式，但不可说是常例。总之，别人可能在种种方面与我们意见不一致，这是可以预料的事情，但如果认为和他争辩之后，还能请他来评判一下自己的意见，他就会认为你是个谦虚的人，而对你的印象更为良好。

反驳也要给别人留面子

1961 年 6 月，英国退役陆军元帅蒙哥马利访问中国。一次在河南省洛阳参观，他好奇地走进一家剧院，剧院正在上演豫剧《穆桂英挂帅》。当他了解该剧的剧情后，连连摇头，说："这个戏不好，怎么能让女人当元帅？"于是，他和中方陪同人员发生了一个小小的争论。开始，中方陪同人员解释说："这是中国的民间传奇故事，人们很爱看。"

蒙哥马利立即断言："爱看女人当元帅的男人不是真正的男人，爱看女人当元帅的女人也不是真正的女人。"

中方陪同人员不服气地说："我们主张男女平等，男同志能办到的事，女同志也能办到。中国红军里就有很多女战士，现在的解放军里还有位女少将呢！"

蒙哥马利毫不退让："我一向对红军、解放军很敬佩，但不知道解放军里还有一位女少将。如果真的是这样，会有损解放军声誉的。"

中方陪同人员反驳说："英国女王也是女的。按照英国的政治体制，女王是英国的国家元首和全国武装部队的总司令，这会不会有损英国军队的声誉呢？"

蒙哥马利突然语塞，无话可说了。显然，他对这个争论的结局，感到有些难堪，心中的不悦之感是可想而知的。

在社交中，谁都可能不小心弄出点儿小失误，比如念错了字，讲了外行话，记错了对方的姓名、职务，礼节有些失当等等。懂得说话的人如发现对方出现这类情况时，只要是无关大局，就不会对此大加张扬，故意搞得人人皆知，使本来已被忽视了的小过失，一下变得显眼起来。更不会抱着讥讽的态度，以为"这回可抓住笑柄了"来个小题大做，拿人家的失误在众人面前取乐。因为这样不仅会使对方难堪，伤害其自尊心，惹其反感甚至报复，而且也不利于自己的社交形象，容易使别人在今后的交往中对其敬而远之，产生戒心。

第三章

高情商不是假客套，而是分寸感

——把对方放在心上，"良言"就不会变成"恶语"

时机未到时就得保持沉默

哲学家说，沉默是一种成熟；思想家说，沉默是一种美德；教育家说，沉默是一种智慧；艺术家说，沉默是一种魅力。我们知道，在人际交往当中，沉默是一种难得的心理素质和可贵的处世之道，当然，任何事情又都不是绝对的。

心理学告诉我们，在不同的场合环境中，人们对他人的话语有不同的感受、理解，并表现出不同的心理承受力。正因为受特殊场合心理的制约，有些话在某些特定环境中说比较好，但有些话说出来就未必好。同样的一句话，在此说与在彼说的效果就不一样。因此，说什么，怎么说，一定要顾及说话的环境，如果环境不适宜，时机未到，最好的办法是保持沉默。

日本公司同美国公司正进行一场贸易谈判。

谈判一开始，美方代表滔滔不绝地向日商介绍情况，而日方代表则一言不发，埋头记录。

美方代表讲完后，征求日方代表的意见。日方代表恍若大梦初醒一般，说道："我们完全不明白，请允许我们回去研究一下。"

于是，第一轮会谈结束。

几星期后，日本公司换了另一个代表团，谈判桌上日本新的代表团申明自己不了解情况。

美方代表没有办法，只好再次给他们介绍了一遍。

谁知，讲完后日本代表的态度仍然不明朗，仍是要求道："我们完全不明白，请允许我们回去研究一下。"

于是，第二轮会谈又告休会。

过了几个星期后，日方再派代表团，在谈判桌上故伎重演。唯一不同的是，这次，他们告诉美方代表一旦有讨论结果立即通知美方。

一晃半年过去，美方没有接到通知，认为日方缺乏诚意。就在此事几乎不了了之之际，日本人突然派了一个由董事长亲率的代表团飞抵美国开始谈判，抛出最后方案，以迅雷不及掩耳之势逼迫美方加快谈判进程，使人措手不及。

最后，谈判达成一项明显有利于日方的协议。

这场谈判成功的关键在于一句俗话"会说的不如会听的"，听出门道再开口，而开口便伤对方"元气"，不很高明吗?

在生活中，我们有时故作"迟钝"未必不是聪明人，"迟钝"的背后隐藏着过人的精明。有人推崇一种"大智若愚型"的艺术——意即在商业活动中多听、少说甚至不说，显示出一种"迟钝"。其实这样做的目的是为了获得最大的利益。少开口，不做无谓的争论，对方就无法了解你的真实想法；反之，你可以探测对方动机，逐步掌握主动权。

这时候的沉默，实际是"火力侦察"。

沉默，是一种态度。沉默，是一种特殊语言。沉默，也会赢得百万金。

受到攻击时，沉默是最好的方法

雄辩如银，沉默是金。在我们的生活中，有些时候确实是沉默胜于雄辩。与得体的语言一样，恰到好处的沉默也是一种语言艺术，运用好了常会收到"此时无声胜有声"的效果。

假如我们在生活中遇到个别强词夺理、无理辩三分或者出言不逊、恶语伤人的人，与之争辩是非或是反唇相讥，往往只能招来他们变本加厉的胡搅蛮缠。对付这种人的最好办法往往不是以眼还眼、以牙还牙，而是保持沉默。这种无言的回敬常使他们理屈词穷，无地自容，正如鲁迅先生所说：沉默是最好的反抗。

国外某名牌大学，曾发生过老师和校长反目的情形，该校校长遭到许多老师的围攻。当时，也有一群学生冲进校长的研究室，对他提出各种质问。但是，无论教师说什么，这位校长始终不开口，双方僵持了几个小时后，教师们终于无可奈何地走了。

这位校长保持沉默，实际上也是一种反抗，同时又给对方一种高深莫测的感觉，从而造成心理上的压迫感。由此看来，"沉默是金"确有一定道理。

当对方出于不良动机对你进行人身攻击，并且造谣诽谤时，如果予以辩驳反击，又难以分清是非，这时运用轻蔑性沉默便可显示出锐利的锋芒。你只需以不屑的神情嗤之以鼻，就足以把对方置于尴尬的境地。

某单位有两个采购员，田宁因超额完成任务而受奖，郑伟却因没尽力而被罚。但郑伟不反省自己的问题，反而说三道四。在一次公众场合，他含沙射影地说："哼，不光彩的奖励白给我也不要！有酒有烟我还留着自己用哩，给当官的舔屁股，咱没有学会！"

田宁明白这是在骂自己，不免怒火顿升，本想把话顶回去，可是转念一想觉得如果和他争吵，对方肯定会胡搅蛮缠，反而助长其气焰。于是他强压怒火，对着郑伟轻蔑地冷笑一声，以不值一驳的神色摇了摇头，转身离去，把郑伟晾在一边。

郑伟的脸红一阵白一阵的，窘极了。

众人也哄笑道："没有完成任务还咬什么人，没劲！"至此，郑伟已经无地自容。

在这里，田宁的轻蔑性沉默产生的批驳力比之用语言反驳，显得更为有力、得体，更能穿心透骨。这也许是对付无理挑衅的最有效的反击武器。

沉默像乐曲中的休止符，它不仅是声音上的空白，更是内容的延伸与升华。它是一种无声的特殊语言，是一种不用动口的口才。

别人论己时切莫打断

在大多数场合下，注意聆听别人的谈话非常重要。当听到别人谈论自己的时候，很多人容易犯这样一个错误：一旦别人谈到自己时，尤其是不利于自己的情况时，往往会打断别人，进行争论。其实，这是最不明智之举。

伊利亚·爱伦堡的长篇小说《暴风雨》出版后，在社会上引起震动，褒贬不一，莫衷一是。某报主编不知从哪里得到了斯大林对《暴风雨》的看法——认为此书是"水杯里的暴风雨"。

据此，主编就组织编辑部人员讨论这部小说，以表示该报的政治敏锐性和高度的警惕性，表明该报鲜明的立场。

讨论进行了数小时，发言人提出不少批评意见。由于主编的诱导，每篇发言言辞都辛辣而尖刻，如果批评成立的话，都足以让作家坐几年牢。可是在场的爱伦堡极为平静，他听着大家的发言，显出令人吃惊的无动于衷的态度，这使与会者无法忍受，纷纷要爱伦堡发言，并要求他从思想深处批判自己的错误。

在大家的再三催促下，爱伦堡只好发言。他说："我很感谢各位对鄙人小说产生这么大的兴趣，感谢大家的批评意见。这部小说出版后，我收到不少来信，这些来信中的评价与诸位的评价不完全一致。这里有封电报，内容如下，'我怀着极大兴趣读了您的《暴风雨》，祝贺您取得了这么大的成就。——约瑟夫·斯大林。'"

主编的脸色很难看，以最快的速度离开会场，那些批判很尖刻的评委们，都抱头鼠窜了。爱伦堡轻轻地摇摇头："都怨我，这么过早的发言，害得大家不能再发言了。"

爱伦堡的聪明在于，如果他据理反驳，必能激起同仁们更加尖锐的批评，这种场合，最明智的做法就是保持沉默，褒贬随人。

沉默的力量是无边的，它可以帮你说服反对你的人，让你向成功迈进。所以我们要学会沉默，学会在别人论己时保持沉默。

恰当运用沉默的方式

在特定的环境中，沉默常常比论理更有说服力。我们说服人时，最头痛的是对方什么也不说。反过来，如果劝者保持沉默什么也不说，被劝者的抱怨或无知就找不到市场了。

不同的沉默方式有不同的作用，运用时必须恰到好处。

1. 不理不睬的沉默可让人摆脱无聊的纠缠

当你正为自己的事情忙得不可开交的时候，同事却不知趣地想跟你闲聊，或者有推销员厚着脸皮赖着不走，或者有人找你去做你不想做的事情。这时，你应尽可能对他们一言不发，不理不睬。过一会儿，他们见你无反应，定会识趣地悻悻走开。

2. 冷漠的沉默能使犯错误者认错改正

有一个出身于有教养家庭的小学生，一天他拿了同学一件好玩的玩具，晚饭前回来，装出一副若无其事的样子，同往常一样笑吟吟地说："妈妈，我回来了!""姐，我饿了。""怎么了?"沉默。"我没做错事啊!"还是沉默。妈妈眼睛瞪着他，姐姐背对着他，全家都冷冰冰地对待他。他的态度终于不攻自破了："妈、姐，我错了……"

3. 毫无表情的沉默能让人深思

有些人发表意见时态度很积极，但不免有些偏颇，令人难以接受;若直截了当地驳回，易挫伤其积极性，若循循诱导又费时，精力也不允许，最好的办法便是毫无表情的沉默。他说什么，你尽管听，"嗯""啊"……什么也不说，等他说够了，告辞了，再用适当的不带任何观点的中性词和他告别："好吧!"或"你再想想。"别的什么也不用说。这样，他回去后定然要竭思尽虑：今天谈得对不对? 对方为什么不表态? 错在哪里? 也许他会向别人请教，或许自己就会悟出原因。

4. 转移话题的沉默能使人乐而忘求

对要回答的问题保持沉默，而选准时机谈大家都喜欢的热门话题，使对方无法插入自己的话题，此人就会从谈话中悟出道理，检讨自己。

5. 信心坚定的沉默能使人顺服

某领导有一次交代属下办一件较困难的任务，当然，他能胜任。

交代之后，对方讲起了"价钱"。于是该领导保持沉默，连哼也不哼。"困难如何大……""条件如何差……""时间如何紧……"说着说着他就不说了。最后说了一句："好，我一定完成。"

沉默是金，有时沉默不语能够出奇制胜，有时滔滔不绝，反而有理说不清。

插话要找准时机

在别人说话时，我们不能只听到一半或只听一句就装出自己明白的样子。我们提倡在听别人说话时，要不时做出反应，如附和几句"是的"等话语，这样既让说者知道你在听他说，又让他感觉你在尊重他，使他对你产生浓厚的兴趣。

但是，万事都有所忌，都要把握分寸。许多人过分相信自己的理解和判断能力，往往不等别人把话说完就中途插嘴，这种急躁的态度很容易造成损失，不仅容易弄错了对方说话的意图，还有失礼貌。当然，在别人说话时一言不发也不好，对方说到关键的时刻，说完后，你若只看着对方，而不说话，对方会感到很尴尬，他会以为没有说清楚而继续说下去。

还有不少人在倾听别人说话时表现得唯唯诺诺的样子，哼哼哈哈，好像什么都听进去了，可等到别人说完，他却又问道："很抱歉，你刚才说了什么？"这种态度，对于说话者来说是有失礼节的事。

所以说，即使你真的没听懂，或听漏了一两句，也千万别在对方说话途中突然提出问题，必须等到他把话说完，再提出："很抱歉！刚才中间有一两句你说的是……吗？"如果你是在对方谈话中间打断，问:"等等,你刚才这句话能不能再重复一遍?"这样,会使对方有一种受到命令或指示的感觉,显然,对方对你的印象就没那么好了。

听人说话,务必有始有终。但是能做到这一点的人并不多。有些人往往因为疑惑对方所讲的内容,便脱口而出:"这话不太好吧!"或因不满意对方的意见而提出自己的见解,甚至当对方有些停顿时,抢着说:"你要说的是不是这样……"这时,由于你的插话,很可能打断了他的思路,使他忘了要讲些什么。

人人都有这样的经验:有时,同某人在一起,说话很愉快;有时同某人在一起,感到很烦,本来很感兴趣的话题却不想谈下去。究其原因,主要是因为对方说话不讨人喜欢,该问的问,不该问的也问,所以让我们觉得厌烦。说话要讲究轻重、曲直,更要有个眼力见儿,知道哪些话该说哪些不该说,哪些该问哪些不该问。

问题是展开话题的钥匙。所以说话有眼力见儿就要做到问话要讨人喜欢。

有些问题,当你得不到满意的答复时,是可以继续问下去的,但有一些问题就不宜再问。

比方说你问对方住在哪里,他如果只说地区而不说具体地址,你就不宜再问在几路几号。如果他愿意让你知道的话,他一定会自动详细说明的,而且还会补充上一句,邀请你去坐坐,否则便是不想让别人知道,你也不必再追问了。举一反三,其他诸如此类的问题,如年龄、收入等也一样不宜追问,以免引起对方不快。

不可问对方同行的营业情况。同行相忌,这是一般人的毛病。因为他回答你时,若不是对其同行过于谦逊的赞扬,便是恶意的诋毁。在一个人面前提及另外一个和他站在对立地位的人或物总是不明智的。

此外,在日常交际中,不可问及别人衣饰的价钱;不可问女子的年龄（除非她是 6 岁以下或 60 岁以上）；不可问别人的收入；不可详问别人的家世；不可问别人用钱的方法；不可问别人工作的秘密，如化学品的制造方法等等。

凡别人不知道或不愿意让人知道的事情都应避免询问。问话的目的在于引起双方的兴趣，而不是使任何一方没趣。若能让答者起劲，同时也能增加你的见识，那是使用问话的最高本领。

一位社交家说："倘若我不能在任何一个见面的人那里学到一点儿东西，那就是我处世的失败。"

这句话很发人深省，因为虚怀若谷的人，往往是受人欢迎的。记住，问话不仅能打开对方的话匣，而且你可以从中增益学问。

点到为止

事情有缓急，说话有轻重。有些人在日常交际中，对问题缺乏理智，不考虑后果，一时性起，说话没轻没重，以致说了一些既伤害他人，也不利自己的话。

有一对夫妻吵架，两人唇枪舌剑，各不相让，最后丈夫指着妻子厉声说："你真懒，衣服不洗，碗也不刷，你以为你是千金小姐呢，什么都不会，脾气还挺大，要你有什么用，不如死了算了。"妻子一气之下割腕自尽，丈夫后悔已经来不及了。

这样的例子在日常生活中屡见不鲜。这类说"过"了、说"绝"了的话，虽然有一些是言不由衷的气话，但是对方听来，却很伤心，故常常引起争吵、嫉恨甚至反目成仇。俗话说"过火饭不要吃，过头话不要说""话不要说绝，路不要走绝"，正是对上述不良谈吐的告诫。

如果听话人是一个非常明白事理的人，你说的话就不必太重，蜻蜓点水，点到即止，一点即透，因为对方就像一面灵通的"响鼓"，鼓槌轻轻一点，就能产生明确的反应。对这样的人，你何必用语言的鼓槌狠狠地擂他呢？

　　赵明是工厂的一名班组长，最近他的班组调来一个名叫王楠的人，别人对王楠的评语是：时常迟到，工作不努力，以自我为中心，喜欢早退。过去的班长对王楠都束手无策。第一天上班，王楠就迟到了5分钟，中午又早5分钟离开班组去吃饭，下班铃声响前的10分钟，他已准备好下班，次日也一样。赵明观察了一段时间，发现王楠缺乏时间观念，但工作效率却极佳，而且成品优良，在质管部门都能顺利通过。于是，赵明对王楠微笑着说："如果你时间观念和你的工作效率同样优秀，那么你将成为一个完美的人。"以后赵明每天都跟王楠说这句话。时间久了，王楠反而觉得过意不去了，心想：过去的班长可能早就对我大发雷霆了，至少会斥责几句，但现在的班长毫无动静。

　　感到不安的王楠，终于决定在第三周星期一准时上班，站在门口的赵明看到他，便以更愉快的语气和他打招呼，然后对换上工作服的王楠说："谢谢你今天能准时上班，我一直期待这一天，这段日子以来你的成绩很好，如果你发挥潜力，一定会得优良奖。"

　　赵明对待王楠的迟到，没有采取喋喋不休的批评方式而是点到为止，让其自动改正错误。

　　小宋是一位小学语文教师，他不满某些社会现象，爱发牢骚，甚至在课堂教学中有时也甩开教学内容，大发其牢骚。很显然，他缺乏教师这个角色应有的心理意识。校长了解这种情况后，与他进行了一次交谈。校长说："你对某些社会不良风气反感，对教师经济待遇低表示不满，这是可以理解的。心中有气，尽管对我发吧，但是请你千万不能在课堂上发牢骚。少年的心灵本是纯真幼稚的，他们对有些事缺乏完全的了解和认识，你与其发牢骚，何不把那份精力用来给学生讲讲如何振兴祖国？这才是一个称职的教师应该做的。"听了校长这一番语重心长的话，小宋认识到当教师确实不能随意把这种牢骚满腹的心理状态表现出来，不然，对学生会产生不良的影响。从此以后，再也没有听说他在课堂上发牢骚了。

同样，校长如果不把握说话的轻重，直接说："你这样做是缺乏修养的表现，不配做一个教师。"那么结果又会怎样呢？

说话要把握轻重，点到为止，给人留住面子，才能起到说话的原本目的。

发生冲突时切忌失去理智

人与人之间难免因某种原因产生摩擦，这时，如果把话说得过重，就会使矛盾激化，相反，如果压制自己的情绪，则会让事情平息下来。

日本一位得过直木奖的作家藤本义一先生，是位颇为知名的人。

一次，他的女儿超过了晚上时限 10 点钟，于 12 点方才带醉而归，开门的藤本夫人自是破口训斥了一顿，之后还说：

"总而言之，你还是得向父亲道个歉。"

顿时，她也清醒了不少，感到似乎大难就要临头了，于是便怯怯地走向父亲的卧房，面色凝重的父亲却只说了句："你这混蛋！"之后便愤然离去，留下了无言的女儿独自在黑暗中。

虽然只是一句话，但却深深刺痛了她的心，然而晚归之事，自此便不再发生。

为人父母者都有责备孩子的经验，多半也了解孩子可能有的反抗心，所以要他们反省是相当困难的。通常会以一句："你是怎么搞的，我已经说过多少次……"想让他们了解并且反省，此时他们若有反抗的举止，父母又会加一句："你这是什么态度！"然后说教更是没完。

如此愈是责骂，反抗心便愈是高涨，愈是希望他们反省，反愈得不到效果，于是情况就会变得更糟，但藤本先生的这种做法，使他女儿的反抗心根本无从发泄，反而转变为反省的心。

因藤本夫人的一顿训斥，已足够引起女儿的反抗心，但藤本先生却巧妙地将它压抑住，反而使女儿的内心感到十分歉疚，因为父亲的一句"混蛋"，实胜过许多无谓的责骂，她除了感激，实在无话可说。

压制自己的情绪，在遇到愤怒的事情时，切勿失去理智，口不择言。通常有些"过头话"是在感情激动时脱口而出的，人们为了战胜对手，往往夸大其词，着意渲染，"攻其一点，不及其余"，甚至使用污言秽语。如夫妻吵架时，丈夫在火头上说："我一辈子也不想见到你！"这话显然是气话、"过头话"，是感情冲动状态下的过激之言。事过之后，冷静下来，又会追悔莫及。所以，在情绪激动时，要特别注意控制，切莫"怒不择言"，出语伤人。

同时，因为双方有矛盾，说话就难免很冲、带刺儿，如果你也采取同样的态度回击，则积怨更深，最好的办法就是避其锋芒。钢刀砍在石头上，肯定会溅起火星，如果钢刀砍在棉花上，则软而无力。对方一定不会再强硬下去。历史上廉颇与蔺相如"将相和"的故事告诉我们的就是在与有误解或隔阂的人相处时，应避其锋芒，不要硬碰硬，不说过头话，使用的语气不要咄咄逼人，如果一方能主动示弱，便有利于矛盾的化解。

简单否定或肯定他人不可取

对他人的评价是最为敏感的事情，应格外慎重，尤其是对自己不喜欢的人作否定性评价时，更应注意公正、客观，不要言辞过激，最好少使用"限制性"词语。如果某下属办糟了一件事，在批评时，某领导说："你呀，从来没办过一件漂亮事！"这话就说得过于绝对，对方肯定难以接受。如果这样批评："在这件事上，我要批评你，你考虑得很不周到！"这样有限度的批评，对方就会心服口服，低头认错。因此，对他人做肯定或否定性评价时，要注意使用必要的限制性词语，以便对评价的范围做准确的界定，恰当地反映事物的性质、状态和发展程度。只否定那些应该否定的东西，千万不要不分青红皂白，简单地"一言以蔽之"。

妙语精言，不以多为贵。领导者在批评下属的过错时，经常要用听起来简单明了、浅显易懂实际上含意深刻、耐人寻味的语言，使出现过错的人经过思考，便能从中得到批评的信息，并很快醒悟，接受批评，改正过错，吸取教训，不断前进。

拿不准的问题不要武断

一般人并不怕听反对自己的意见，不过人人都愿意自己用脑筋去考虑一下各种问题。对于自己未必相信的事情，都愿意多听一听，多看一看，然后再下判断。

为了给别人考虑的余地，你要尽量缓冲你的判断结论。把你的判断限制一下，声明这只是个人的看法，或者是亲眼看到的事实，因为可能别人跟你有不尽相同的经验。

除去极少数的特殊事情外，日常交往中，你最好能避免用类似这样的语句来说明你的看法。如"绝对是这样的""全部是这样的"，或者"总是这样的"。你可以说"有些是这样的""有时是这样的"甚至你可以说"大多数人都是这样的"。

凡是对自己没有亲历，或不了解的事实，或存有疑点的问题发表看法时，要注意选择恰当的限制性词语，准确地表达。如说："仅从已掌握的情况来看，我认为……""如果情况是这样的话，我认为……""这仅仅是个人的意见，不一定正确……"这些说法都给发言做了必要的限制，不但较为客观，而且随着掌握的新情况的增多，有进一步发表意见，或纠正自己原来看法的余地，较为主动。

有时是因事实尚未搞清，有时是因涉及面广或者自己不明就里，都不宜说过头话，而应借助委婉、含蓄、隐蔽、暗喻的策略方式，由此及彼，用弦外之音，巧妙表达本意，揭示批评内容，让人自己思考和领悟，使这种批评达到"藏颖词间，锋露于外"的效果。例如，可以通过列举和分析现实中他人的是非，暗喻其错误；通过列举分析历史人物是非，烘托其错误；也可通过分析正确的事物，比较其错误等。此外，还可采用多种暗示法，如故事暗示法，用生动的形象增强感染力；笑话暗示法，既有幽默感，又使他不尴尬；逸闻暗示法，通过逸闻趣事，使他听批评时，即使受到点儿影射，也易于接受。总之，通过提供多角度、多内容的比较，使人反思领悟，从而自觉愉快地接受你的意见，改正错误。

说话避开别人的痛处

每个人都有自己的忌讳，人人都讨厌别人提及自己的忌讳。说话时如不小心就可能冲撞了对方，引起别人的反感，有的甚至招来怨恨。

小马先天秃头。一天，大家在一起聊天，得知小马的发明专利被批准了。小陆快嘴说道："你小子，真有你的，真是热闹的马路不长草，聪明的脑袋不长毛。"说得大家哄堂大笑，小马的脸也红了起来。

开玩笑的人动机大多是良好的，但如果不把握好分寸、尺度，就会产生一些不良的后果。所谓"说者无心，听者有意"，因此掌握说话艺术需要我们在生活中多观察、多总结，避开别人的痛处，只有这样，才能够准确恰当地与他人沟通。

在生活中，夫妻双方发生争执是很正常的事，但有的人口不择言，喜欢揭对方短处或对方丑处，甚至当众让对方出洋相，让对方无地自容，从中获得快感，以降服对方。比如丈夫对妻子说："女人嘛，做得好不如嫁得好。你不但不'会做'，就是会做，若不是嫁给我，你今天能活得这么滋润、这么尊贵吗？"或者对对方说："别以为你拿了大本文凭就有什么了不起的，蒙得了别人，蒙不了我，不就是拿钱买来的吗？""我那位啊，在别人面前人模人样，在家里我让他学鸡叫就学鸡叫，我让他学狗爬就学狗爬，熊样儿！"这样的话太伤人的自尊心，但偏有人十分喜欢说，意在取得更优越的地位。

最容易戳到对方痛处的时候，是安慰别人的时候。别人正在痛苦之中，如果在安慰时不注意，揭了人家的疮疤，那可真是火上浇油。比如一个人失恋了，伤心不已，不能自拔。这时最合适的安慰方法是和失恋者一起找一些快乐的事，让他（她）在交流过程中慢慢消减痛苦。而应避开一些话题，比如不分青红皂白，故作高深地来一句："我早就看出他（她）不是好东西。""他（她）这是存心骗你，当初说爱你的那些话都是假的。""你不知道他（她）是在利用你啊？"使失恋者伤心之余，又多了一份窝囊和寒心。

如果真的一不小心戳到了别人的痛处，我们应该尽快找补救措施，比如转移话题。

某学生寝室，初到的新生正在争排座次。小林心直口快，与小王争执了半天，见比自己小几日的小王终于叨陪末座，便说道："好啦，你排在最末，是咱们寝室的宝贝疙瘩，你又姓王，以后就叫你'疙瘩王'啦。"说者无心，听者有意。原来小王长了满脸的疙瘩，每每深以为恨，此时焉能不恼？小林见又惹来了风波，心中懊悔不已，表面上却不急不恼，巧借余光中看到的诗句揽镜自顾道："'蜷在两腮分，依在耳翼间，迷人全在一点点。'唉，这真是'一波未平，一波又起'呀！"小王听了，不禁哑然失笑——原来小林长了一脸的雀斑。有一新生当场暗自感叹：无意中弄痛了对方，那就转移话题，吸引别人注意力转移。

同女士交谈要注意距离

一个男子在火车站候车，看见坐在身边的一位女士风韵照人，穿着一双很好看的丝袜，便凑上去搭讪。

男子："你这双袜子是从哪儿买的？我想给我的妻子也买一双。"

女士："我劝你最好别买，也不要穿这种袜子，会招来一些不三不四的男人找借口跟你妻子搭讪。"

女士的回答再简练不过，分量却极重，直说得那个男子面部肌肉痉挛。在前后一问一答中，虽然话题同为一个——袜子，但是，一个是女士穿着，另一个是要给妻子买，女士从中寻到一个一语双关的进攻点，即你妻子穿上会招来一些不三不四的男人搭讪，让那个或许有点儿居心不良的男士很下不来台。

男士因为某些话题被女士搞得很尴尬，这绝不是个案。究其原因，可能是男士更外向，女士更内向，矜持一些，许多男士因为缺乏对女士的了解而使交谈进行得并不愉快。所以，男士同女士交谈，一定要对她们的心理有一定的了解。注意男女有别，一定要保持应有的距离，而不能把男人圈里的东西随便搬过来。

女士大多善于表达，谈话的需要比男性强，但这种需要大多出于感情的满足，所以女性交谈时容易忘记正事、正题，这就需要男性及时将话题转移到要谈的事情上。男士要充当"谈话"的引导者，否则会使交谈变得漫无边际。

女性的观察力很强，但她们对具有逻辑推理的幽默语言有时反应要慢一些，她们得慢慢地理解、消化。所以第一次同她讲话，尽量不要用一些夸张的语言或说一些俏皮话，否则容易产生误解，如"你今天的发式真漂亮，连白云见了都会躲起来"，这样的话让女士听起来马上会敏感地同"白发""乱发"联想，而不会联想到"秀发如云"。

女士大都喜欢听赞扬的话，但赞扬不可太露骨，要含蓄一些。对于那些年轻貌美、性格开朗的女性，可以赞扬她容貌的靓丽：如"你长得真漂亮，很清纯"；对那些性格内向的女性，不可直言赞扬，而应委婉地说："你很文静，也很漂亮"，否则你会被认为"不正经"、轻佻；对相貌平平的女士，则可以称赞"你很有气质，一看便知是一名知识女性""一看你就能感到你是一个善良淳朴的女性",这样说对方会感到非常高兴。

不了解女士的生活背景,不要轻易询问她的年龄、婚姻及薪水情况,可以先问一问她的父母、亲人、学历、工作等情况。如果你对她一见钟情,迫切想了解她的私生活,可以问:"你是同父母住在一起吗?"如果对方对你有好感且愿意相交的话,会主动如实告诉你的。切不可初次见面就问"你丈夫在什么单位工作?""你同丈夫感情还好吗?"一类让人反感的话。

女子不轻易拒绝别人,而往往用沉默、注意力转移或假装没听见来表示婉转推辞。遇到这种情况,你应立即结束交谈或者转移到其他话题。不要等到人家下了"逐客令",你再起身告辞,那会很没面子的。

赞美的话要切合实际

假如你到一个朋友家去,你的朋友对你异常客气,你每说一句话他只是"唯唯"而答,和你说话时他总是满口客套,唯恐你不欢,唯恐得罪了你。在这种情况下,你一定觉得如芒在背,坐立不安,直到离开他家,才觉得如释重负。

这种情形你大概遇见过不少,但是你必须想一想,你是否也如此对待过来客呢?

虽然是客气,但这种客气显然是让人受不了。"己所不欲,勿施于人",请记住这句名言。

刚开始会客时的几句客气话倒没什么,若继续说个不停就不太妥当了。谈话的目的在于沟通双方的感情，加深双方的了解，而客气话则恰恰是横阻在双方中间的墙，如果不把这堵墙拆掉，人们只能隔着墙做一些简单的敷衍酬答而已。

大概朋友们初次会面都略谈客套，而第二、第三次见面就免去了许多客套。那些"阁下""府上"等等名词如果一直用下去，则真挚的友谊必然无法建立。

客气话是表示你的恭敬和感激的，不是用来敷衍朋友的，所以要适可而止，多用就会显得迂腐、浮滑、虚伪。有人替你做了一点儿小小的事情，比如说倒一杯茶吧，你说"谢谢"也就足够了。要是在特殊的情况下，也最多说"对不起，这事情要麻烦你"就够了，但是有些人却要说"呵，谢谢你，真对不起，不该这点小事也麻烦你，真让我过意不去，实在太感谢了……"等等一大串客套话，让人感觉非常不舒服。

说客气话的时候要充满真诚，像背熟了一般泻出来的客气话最易使人讨厌。说话时态度更要温和，不可显出急忙紧张的样子。此外，说客气话时要保持身体的平衡，过度地打躬作揖、摇头弯身并不是一种雅观的动作。

把平时对朋友太客气的语言改成坦率的词语，你一定能获得更多的友谊。对平时你从来未表示客气的人稍说一些客气话，如家中的佣人、你的孩子、商店的伙计、出租车司机等等，你一定会收到意想不到的好处。

要避免过分的客气。在朋友家中，如果你显得随便自然一些，主人也就不会过分地客气了。而当你是主人的时候，你也可以运用这一方法。

说话要实在、不要虚假，这是说话所具备的条件之一。与其空泛地说"久仰大名，如雷贯耳"，毋宁说"你的小说真是文笔流畅，情节动人，让人爱不释手"等话。倘若赞美别人生意兴隆，不如赞美他推销产品的能力或赞美他的经营方针。

赞美的话还要注意切合实际，到别人家里与其乱捧一场不如赞美房间布置得别出心裁，或欣赏墙上的一幅好画，或惊叹一个盆景的精巧。如果主人爱狗，你应该赞美他养的一只狗；如主人养了许多金鱼，你应该欣赏那些金鱼。

说话宽容，你的路才会越走越宽

工作中同事之间有了不同意见，应以商量的口气婉转地提出自己的看法，尽量避免生硬地伤害他人的言辞。如果遇到不合作的同事，也要表现出你的宽容和修养。学会耐心倾听对方的意见，并对其合理成分表示赞同，这样不仅能使不合作者放弃"对抗状态"，也能开拓自己的思路。

某同事得罪过你，或你曾得罪过某同事，虽说不上反目成仇，但心里确实不愉快。如果你觉得有必要，可主动去化解僵局，也许你们会因此而成为好朋友，即使不能成为好朋友，至少也为你减少了一个潜在的敌人。要明白，人都是会犯错误的，要允许别人犯错误，也允许别人改正错误。不要因为某同事有过失，便看不起他，或从此另眼看待对方，或"一过定终身"。

小张和小杨合作共同完成一项工程。工程结束后，小张有新任务出差，把总结和汇报的工作留给了小杨。正巧赶上小杨的孩子生病，小杨因为忙于给孩子看病，一时疏忽，把小张负责的工作中一个重要部分给弄错了。总结上报给主管以后，主管马上看出了其中的问题，找来小杨。小杨怕担责任，就把责任推给了小张。因为工程重要，主管立刻把小张调回来。小张回来后，莫名其妙地挨了主管一顿训斥。仔细一问，这才明白了是怎么回事，赶快向主管解释，才消除了误会。小杨平时与小张关系不错，出了这件事后，心里很愧疚，又不好意思找小张道歉。小张了解到小杨的情况，主动找到小杨，对他说："小杨，过去的事就让它过去吧，别太在意了。"小杨十分感动，两人的关系又近了一层。

宽容大度是一种胸怀，为一点儿小事斤斤计较，争吵不休，既伤害了感情，也无益于成大事，甚至最后伤害的还是自己。

在工作中谁都会碰到个人利益受到他人侵害的事情，这时候，你也要管住自己的嘴巴，不要恶语相向，尖刻地对待别人，而是用宽容的语言去化解去谅解，这样你的道路才会越走越宽。

委婉地表达自己的意思更易被人接受

委婉是一种修辞手法，是指在讲话时不直陈本意，而用委婉之词加以烘托或暗示，让人思而得之，而且越揣摩，含义越深远，因而也就越具有吸引力和感染力。委婉含蓄是说话的艺术，它体现了说话者驾驭语言的技巧。生活中有许多事情是"只可意会，不必言传"的，如果说话者不考虑当时的情境不顾及别人的感受，把想说的话直接地表达出来，不仅起不到应有的作用，还会引起对方的不悦，破坏相互之间的和谐关系。而委婉地表达自己的意思，即使是批评，别人也会很容易接受。

传说汉武帝晚年时很希望自己长生不老，一天，他对侍臣说："相书上说，一个人鼻子下面的'人中'越长，命就越长；'人中'长一寸，能活百岁，不知是真是假？"侍臣东方朔听了这话后，知道皇上又在做长生不老梦了，不觉哈哈大笑。皇上见东方朔似有讥讽之意，面露不悦之色，喝道："你怎么敢笑话我！"东方朔脱下帽子，恭恭敬敬地回答："我怎么敢笑话皇上呢，我是在笑彭祖的脸太难看了。"汉武帝问："你为什么笑彭祖呢？"东方朔说："据说彭祖活了八百岁，如要真像皇上刚才说的，'人中'就有八寸长，那么，他的脸不是有丈把长吗？"汉武帝听了，也哈哈大笑。这种委婉含蓄的批评，汉武帝却愉快地接受了。

　　现代文学大师钱钟书先生，是个自甘寂寞的人。居家耕读，闭门谢客，最怕被人宣传，尤其不愿在报刊、电视中扬名露面。他的《围城》再版以后，又拍成了电视剧，在国内外引起轰动。不少新闻机构的记者，都想约见采访他，均被钱老执意谢绝了。一天，一位英国女士，好不容易打通了他家的电话，恳请让她登门拜见钱老。钱老一再婉言谢绝都没有效果，他就对英国女士说："假如你看了《围城》，像吃了一只鸡蛋，觉得不错，何必要认识那个下蛋的母鸡呢？"那位女士终于被说服了。

　　从上面的事例我们可以看出，委婉含蓄主要具有以下三个方面的作用：

　　第一，人们有时表露某种心事，提出某种要求时，常有种羞怯、为难心理，而委婉含蓄的表达则能淡化这种羞怯。

　　第二，每个人都有自尊心。在人际交往中，对对方自尊心的维护或伤害，常常是影响人际关系好坏的直接原因；而有些表达，如拒绝对方的要求，表达不同于对方的意见，批评对方等，又极容易伤害对方的自尊心。这时，委婉含蓄的表达常能达到既完成表达任务，又不伤害对方自尊心的目的。

第三，有时在某种情境中，例如，碍于第三者在场，有些话就不便说，这时就可用委婉含蓄的表达。

但是，使用这种表达方式时也要注意，委婉含蓄不等于晦涩难懂，它的表述技巧首先是建立在共同语境中对方能够明白的前提下，否则你的表达是没有意义的。另外，委婉含蓄并不适合所有场合，需要直白的时候就不要委婉含蓄，否则反而会引起别人的反感。

第四章

"口吐善言"，最值得称道的正能量

——提供对方想要的认同感

男人和女人，赞美有"性"别

人人都渴望被别人赞美，但男人和女人的需要是不同的。

男人要面子、好虚荣，多表现在追逐功名、显示能力、展示个性以显潇洒和能人之形象方面，而女人则多表现在对容貌、衣着的刻意追求或身边伴个白马王子以示魅力方面。

男人要面子、好虚荣，他们对此毫不遮掩，有时甚至坦率得令人吃惊，而女子则总是遮遮掩掩、羞羞答答。

女性对于面子、虚荣还有几分保留，而男子则是全力以赴去追求面子，好似他的人生目的就是追求面子一般。

男人为了面子可以大动干戈，有权力的甚至可以轻则杀一儆百，重则发动战争；女人为了面子则会大喊大叫或者在家里痛哭几声。

男人的面子千万不要去伤害、破坏，否则便万事皆休——友谊中断、恋爱告吹、生意不成、升官无望、职称泡汤。

因此赞美他人时也要区分对象的不同。

比如，赞美一个女人漂亮就大有学问。对于容貌绝佳的女性，她已习惯了别人的赞叹，不妨用些新颖的方式，如用比喻去赞美她；对于一个明显较丑的女性，如果你虚假地夸赞她的容貌，她会认为你在讥讽她，而引起她的反感，你最好是去发掘她的气质、能力或性格；

而普通的女性是最需要赞美的，因为她身上也有美，并且也最向往美，最渴望被人肯定。

你可以赞美女人的修养。有许多女人虽然长得漂亮，但是缺乏修养，没有内涵，稍一相处，便会让人感到俗不可耐。因而，花瓶式的女人虽然可赢得一时的赞美，却不能使男人长久地爱慕她，更无法获得男士的尊敬。而一种好的气质，则可以使一位非常普通的女人变得十分迷人，令人心驰神往。因为一个人的修养是一种内在美、精神美、升华美，它可以永久地征服一个男人的心。

作为男人更要会赞美女人。能够做到张口也赞闭口也赞，这样你才能在女人面前受欢迎，使你魅力无穷。

男人赞美女人是对女人价值的肯定，更是对女人魅力的一种欣赏。在男人眼里，女人身上总有美丽动人之处，或是皮肤细腻，或是身材苗条，或是眉目含情，或是穿着得体。所以你一定要善于去发现、去捕捉她的美。许多女人都会对自己的缺憾有所了解，但她们却十分了解自己最动人之处，只要你能慧眼独具，赞美得体，你一定会博得她的赏识与青睐。

现在注重个性，夸赞一个女人有个性已成了一种时尚。固执的性格可以此人有个性来赞，孤傲的性格也可以用有个性来赞，像男人一样不拘小节，有些泼辣的女性也能用有个性来赞。只要是稍稍区别于大众的性格，你用个性二字来赞她，无论是哪种女性，她都会觉得你这个人很有品位。

最后，谈一谈女人的能力。现代社会，在各种事业中女人都表现出了她们非凡的能力。她们不仅能把自己分内的事完成得十分得体，还会凭她们细致的洞察力去发现工作中出现的问题，把各部门的事情都安排得十分妥当，有时工作能力大大地超越了男性。而女人在取得很大的成就时，她是需要被这个社会所肯定的。她们希望这个社会能认同自己，肯定自己的能力，也希望在男人眼中她们不再是处处依附于男人的人，而是能够独当一面，把事情处理得完美无瑕有能力的人。于是，她们需要男人的赞美，希望自己所做到的，能够得到男人的认同与赏识。如果你是她的老板、上司或是同事，你可千万别忽视她的业绩，常常激励她、赞美她，换取她更大的工作积极性吧。

除此之外，生活中女人们的能力也值得你一赞。日常家务，如烧饭做菜、收拾房间、照顾孩子，这些虽是一些细小的事情，但却能表现出女人的动手能力、审美能力、教育能力。只要你在日常生活中也不忘记赞美一下女性，你定会得到女性们一致的好评。

最后要记住的是，女人喜欢甜言蜜语，但并非是喜欢太过花哨的话，所以赞美她时多用些实际的语言，不用刻意去修饰，不然会让人觉得你很肤浅。

人们都说女人是用耳朵来生活的，赞美是女人生命中的阳光。其实男人也一样，他们一样喜欢听到他人对自己的肯定和赞美，因为这会让他们有一种价值感，并由此充满自信。可以说，恰到好处的赞美是打在男人身上的一剂强心剂。你可以从以下几个方面来选择对男人的赞美之词：

1. 赞美他是成功的男人

由于传统社会对男性角色的定位——挑家立业者，使得男人非常在乎自己在别人心目中的形象，任何人对他的工作做出的评价都会让他反应敏感。因此，无论男人从事的是怎样的工作，他都希望能得到别人的认同。

不过你得注意，不管一个男人有多成功、多得意，他内心深处最渴望的还是别人的理解和关怀。一般的理解和关怀都是无可厚非的，可一定要注意把握"度"的原则。过犹不及，说得太夸张、太过分、太直白，就会被人当成追逐名利、爱慕虚荣的女人，会成为男人心底讨厌的势利女人。因此，即使是赞美也要掌握分寸。通常从以下几个方面入手来赞美别人，是比较容易被接受，而且会收到预期效果的。

首先，在赞美男人的同时注意表达关心与体贴。关心与体贴是女人善良天性的表现，也是女人细腻温柔的体现。女人的关心，有如吹面而过的柔和的春风，又如沁人心脾的淡淡花香，会在不知不觉中悄悄渗入男人的心灵之中，融入他们的心怀。男人们最喜欢的是那种会关心、会体贴、善解人意的女人，女人的关心和温柔会让男人从心底感激她。以前，曾有人这样赞美过别人：

"张老师，您那本书写得真好，没少下功夫吧？您可得注意休息了，瞧您现在比以前瘦多了。"

"刘总，这么大的工程，您一个人给搞定了，可真了不起！不过您可要注意身体呀，别光为了工作累坏了自己。"

这些又温馨又充满敬仰与关切的语句，怎么能让男人不动心、不从心底感激、不视女人为自己的好友呢？

其次，在赞美男人的时候，恰当地表达出崇拜的思想。不管男人还是女人，都希望有人崇拜自己，都希望被人用尊敬、仰视的眼光看待，这也是人之常情。被人崇拜是无法拒绝的，被人崇拜意味着对"自我"的肯定，是一种人生价值的体现。对一个春风得意的人来说，他最自豪的是"自我"，也就是他的成功之源。

最后，别忘了在赞美的同时予以鼓励。一个女人鼓励一个男士，既是对他过去的肯定，对他以前创业生涯的一种肯定，又是对他未来充满信心的一种表现。人在任何情况下都是希望有支持和鼓励的，人不仅需要对自己有信心，更需要别人对自己有信心。现在的社会，竞争激烈压力大，成功是需要付出很大代价的。一个成功的、春风得意的男士，即使在一定程度上达到了自我价值的展现，也还是需要鼓励的，尤其需要别人对他有信心。

还有一些男士，春风得意的时候，往往会在别人的一片颂扬声中沾沾自喜、自高自大、忘乎所以，而女性的委婉的激励，有时就像一剂良药，会给头昏脑热的春风得意者一点儿不动声色的提醒，进一步激发起他的冷静和投入下一次竞争的热情。

2. 赞美他是一位绅士

所谓风度，是男人在言谈举止中透出的一种味道。不要以为男人真的是散漫随意、潇洒不羁，其实他们是很在乎别人对自己举止的评价的。曾经有一位女友说起她和男友分手的原因，只因为她在一次朋友聚会上调侃了男友的局促，就大大伤了对方的自尊心，扔了句："既然你认为我没风度，那么分开好了。"

事实也如此，行动比语言更有说服力，只有当女方对对方的言谈举止很满意、很欣赏时，女方才会爱上他。而在这方面赞美男人的聪明之道，也是拿他和别的男人比较，表现出你的欣赏。一位范先生说："有一次，我和女友乘出租车，下车后我替她打开车门，她很高兴，说她以前遇到的男人从不知道什么是绅士风度。这句话极大地满足了我的自尊心，也让我觉得自己是个很受欢迎的男人。"

3. 赞美他仪表堂堂

许多男性承认，他们在关注女人闭月羞花之貌的同时，也希望自己貌比潘安。但是同样因为社会角色的定位，男人特别害怕女人把他们当作绣花枕头，因而他们对女人对他们外在形象的夸赞是特别敏感的。让女人兴奋的"你长得真漂亮""你穿得真好看"之类的话，会让男人觉得特别不舒服，按他的理解，这里面透着一种嘲讽，好像说：

"你有些娘娘腔，你怎么像女人一样爱打扮。"

所以说，要真的想对男人表达你对他外形的欣赏，还需审时度势。但你可以对他的某个部位做出较高的评价，例如，你的鼻子好有个性等。

另外在赞美一个男士的时候，有一点特别忌讳的是，不要当着这位男士的面大肆指责他的竞争对手，这样做也许当时能让这位春风得意的男士十分高兴，但过后他就会清楚地意识到这种以贬低一个人来衬托另一个人的手法是多么笨拙，并且让人感到的只是巴结和恭维。所以，建议那些想要锦上添花的朋友，一定注意，添花要小心，要把握好分寸，不要搞出笑话来，以免遭人反感。

夸人夸到点子上

在一个人所走过的人生道路中，有无数让他们引以为自豪的事情，这些都是一个人人生的闪光点。这些东西又会不经意地在他们的言谈中流露出来，例如，"想当年，我在战场上……""我年轻的时候……"等等。对于这些引以为荣的事情，他们不仅常常挂在嘴边，而且深深地渴望能够得到别人由衷的肯定与赞美。对于一位老师而言，引以为荣的往往是他教的学生在社会上很有出息，你为了表达对他的赞美，不妨说："您的学生×××真不愧是您的得意门生啊！现在已经自己出书了。"对于一位一生都默默无闻的母亲，引以为荣的往往是她那几个有出息的孩子，你如果对她说："你有福气啊，两个儿子都那么有出息。"她一定会高兴不已。对于老年人来说，他们引以为荣的往往是他们年轻时的那些血与火的经历。

真诚地赞美一个人引以为荣的事情，可以更好地与之相处。乾隆皇帝喜欢在处理政事之机品茶、论诗，他对茶道颇有见地，并引以为荣。有一天，宰相张廷玉精疲力竭地回到家刚想休息，乾隆忽然来造访，张廷玉感到莫大的荣幸，称赞乾隆道："臣在先帝手里办了13年差，从没有这个例，哪有皇上来看下臣的！真是折煞老臣了！"张廷玉深知乾隆好茶，便命令把家里的隔年雪水挖出来煎茶给乾隆品尝。乾隆很高兴地招呼随从坐下："今儿个我们都是客，不要拘君臣之礼。坐而论道品茗，不亦乐乎？"水开时，乾隆亲自给各位泡茶，还讲了一番茶经，张廷玉听后由衷地赞美道："我哪里省得这些，只知道吃茶可以解渴提神。一样的水和茶，却从没闻过这样的香味。"李卫也乘机称赞道："皇上圣学渊深，真叫人瞠目结舌，吃一口茶竟然有这么多的学问！"乾隆听后心花怒放，谈兴大发，从"茶乃水中君子、酒乃水中小人"开始论起"宽猛之道"。真是妙语连珠，滔滔不绝，众臣洗耳恭听。乾隆的话刚结束，张廷玉赞道："下臣在上书房办差几十年，只要不病，与圣祖、先帝算是朝夕相伴。午夜扪心，凭天良说话，私心里常也有圣祖宽、先帝严，一朝天子一朝臣这个想头。我为臣子的，尽忠尽职而已。对陛下的旨意，尽力往好处办，以为这就是贤能宰相。今儿个皇上这番宏论，从孔孟仁恕之道发端，比讲三朝政治，虽然只是三个字'趋中庸'，却振聋发聩，令人心目一开。皇上圣学，真是到了登峰造极的地步。"其他人也都随声附和，乾隆大大满足了一把。张廷玉和李卫作为乾隆的臣下，都深知乾隆对自己的杂经和"宏论"引以为豪，而张、李二人便投其所好，对其大加赞美，达到了取悦皇帝的目的。

　　没有人不会被真心诚意的赞赏所触动。耶鲁大学著名的教授威廉·莱昂·弗尔帕斯经历过这样一件事：有一年夏天又闷又热，他走进拥挤的列车餐车去吃午饭，在服务员递给他菜单的时候，他说："今天那些在炉子边烧菜的小伙子一定是够受的了。"那位服务员听了后吃惊地看着他说："上这儿来的人不是抱怨这里的食物，便是指责这里的服务，要不就是因为车厢里闷热大发牢骚。19年来，您是第一位对我们表示同情的人。"弗尔帕斯得出结论说："人们所想要的是一点儿作为人所应享有的被关注。"而人们想要别人来关注的地方往往是自己所能忍受下来的痛苦，就正如夏天里在火炉旁烧菜的煎熬。

一个人到了晚年，人生快走到尽头了，当他们回首往事的时候，更喜欢回味和谈论自己曾经历的那些大风大浪，希望得到晚辈的赞美和崇敬。

现在已经80多岁的爷爷，一生中最大的骄傲便是独自一个人将7个孩子养大成人，现在眼见一个个孩子都成家立业，他经常自豪地对我们说："你奶奶死得早，我就靠这两只手把你爸他们几个养大成人，真是不容易啊。"每当这时，如果我们能乘机美言几句，爷爷就会异常高兴。

抓住他人最胜过于别人的，最引以为豪的东西，并将其放在突出的位置进行赞美，往往能起到出乎意料的效果。在这一点上，有一个很经典的实例。在镇压太平军的过程中，一次，曾国藩用完晚饭后与几位幕僚闲谈，评论当今英雄。他说："彭玉麟、李鸿章都是人才，为我所不及。我可自许者，只是生平不好谀耳。"一个幕僚说："各有所长，彭公威猛，人不敢欺；李公精敏，人不能欺。"说到这里，他说不下去了。曾国藩又问："你以为我怎样？"众人皆低头沉思。忽然走出一个管抄写的后生过来插话道："曾师是仁德，人不忍欺。"众人听了齐拍手。曾国藩十分得意地说："不敢当，不敢当。"后生告退而去。曾氏问："此是何人？"幕僚告诉他："此人是扬州人。入过学，家贫，办事谨慎。"曾国藩听完后说："此人有大才，不可埋没。"不久，曾国藩升任两江总督，就派这位后生去扬州任盐运使。

他人最想要的赞美一定是真诚的，不是那种公式般的赞美，千篇一律最让人反感。"久仰大名，如雷贯耳""您的生意一定发财兴隆""小弟才疏学浅，一切请阁下多多指教"，这些缺乏感情的、完全是公式化的恭维语，若从谈话的艺术观点看来，非加以改正不可。而言之有物是说一切话所必备的条件，与其泛说"久仰大名、如雷贯耳"不如说"您上次主持的讨论会成绩之佳，真是出人意料"等话，直接提及对方的著名业绩；若恭维别人生意兴隆，不如赞美他推销产品的努力，或赞美他的商业手腕；泛泛地请人指教是不行的，你应该择其所长，集中某点请他指教，如此他一定高兴得多。恭维赞美的话一定要切合实际，到别人家里，与其乱捧一场，不如赞美房子布置得别出心裁，或欣赏壁上的一张好画，或惊叹一个盆栽的精巧。若要讨主人喜欢，你要注意投其所好，主人爱狗，你应该赞美他养的狗；主人养了许多金鱼，你应该谈那些鱼的美丽。赞美别人最近的工作成绩、最心爱的宠物、最费心血的设计，这比说上许多无谓的虚泛的客套话更佳。

有的时候并不是什么伟大举动才值得让人赞美，相反，一些微乎其微的小事别人也会期望得到你的肯定和称许。

如果某天早晨，你的丈夫偶然一次早起为你准备好了早餐，你不妨大大赞美他一番，那他今后起床做早餐的频率将会更高；如果你的小孩有一天非常小心地在家做好了晚饭等你回家，当你回到家中，不要吃惊孩子脸上的污渍，也不要惋惜已经摔碎的碗碟，先要将孩子赞美一番，即使孩子所炒的菜让人难以下咽，因为你的赞美可以让孩子所做的下顿或者是下下顿饭变成美味；在公司，如果某位职员记述你口述的信件的速度比你想象得要快，不妨表扬她一下，今后她工作时就一定会更加卖力。

从一件小事上去赞美他人必须注重细节，不要对他人在细节上所花费的时间和心血视而不见，而要特别地对他人的这番煞费苦心表示肯定和感谢。因为对方所做的一些小事既说明对方对你的偏爱，也说明他渴望得到肯定与赞扬。

以"第三者"的口吻赞美

俗话说："雾里看花花更美。"赞美之词未必要从你嘴里说出来，可以以"第三者"的名义。比如，若当着面直接对对方说"你看来还那么年轻"之类的话，不免有恭维、奉承之嫌。如果换个方法说："你真是漂亮，难怪某某一直说你看上去总是那么年轻！"可想而知，对方必然会很高兴，而且没有阿谀之嫌。

在一般人的观念中，总认为"第三者"所说的话是比较公正、实在的。因此，以"第三者"的口吻来赞美，更能得到对方的好感和信任。

1997年，金庸与日本文化名人池田大作展开一次对话，对话的内容后来辑录成书出版。在对话刚开始时，金庸表示了谦虚的态度，说："我虽然与会长（指池田）过去对话过的世界知名人士不是同一个水平，但我很高兴尽我所能与会长对话。"池田大作听罢赶紧说："您太谦虚了。您的谦虚让我深感先生的'大人之风'。在您的72年的人生中，这种'大人之风'是一以贯之的，您的每一个脚印都值得我们铭记和追念。"池田说着请金庸用茶，然后又接着说："正如大家所说'有中国人之处，必有金庸之作'，先生享有如此盛名，足见您当之无愧是中国文学的巨匠，是处于亚洲巅峰的文豪。而且您又是世界'繁荣与和平'的香港舆论界的旗手，正是名副其实的'笔的战士'。《春秋·左传》有云：'太上有立德，其次有立功，其次有立言，是之谓三不朽。'在我看来，只有先生您所构建过的众多精神之价值才是真正属于'不朽'的。"

在这里，池田大作主要采用了"借用他人之口予以评价"的赞美方式，无论是"有中国人之处，必有金庸之作"，还是"笔的战士""太上……三不朽"等，都是舆论界或经典著作中的言论，借助这些言论来赞美金庸，既不失公允，又能恰到好处地给对方以满足。

假借别人之口来赞美一个人，可以避免因直接恭维对方而导致的吹捧之嫌，还可以让对方感觉到他所拥有的赞美者为数众多，从而获得极大的心理满足。在生活中，要善于借用他人，特别是权威人士的言论来赞美对方，借此达到间接赞美他人的目的。权威人士的评价往往最具说服力，因此，引用权威言论来赞美对方是最让对方感到骄傲与自豪的，如果没有权威人士的言论可以借用，借用他人的言论也会收到不错的效果。

与众不同的赞美最中听

一些人在公共场合赞美别人时，自己想不出怎样赞美，只能跟着别人说重话，附和别人的赞美。常言道："别人嚼过的肉不香。"朱温手下就有一批鹦鹉学舌拍马屁的人。一次，朱温与众宾客在大柳树下小憩，独自说了句："柳树好大！"宾客们为了讨好他，纷纷起来互相赞叹："柳树好大。"朱温听了觉得好笑，又道："柳树好大，可做车头。"实际上柳木是不能做车头的，但还是有五六个人互相赞叹："可做车头。"朱温对这些鹦鹉学舌的人烦透了，厉声说："柳树岂可做车头！"于是把说"可做车头"的人抓起来杀了。

在整日聚首的人际关系中，一家人之间或一个科室的同事之间，有些赞美很可能多次重复，已经形成某种公式和习惯了，这就没什么意义和作用。比如，某个处长每次开会总结工作的时候，都像例行公事一样对大家赞扬几句，其内容和说法总是笼统的那么几句话，就像是同一张唱片或同一盘录音带只是在不同的时间播放一样，让人感觉乏味。

汤姆受聘于一家公司的销售部经理，他采用新的营销战术，于是在他加入公司两个月后，公司的销售量大增，仓库积压一售而空。老板非常高兴，拍拍汤姆的肩膀说："你干得非常出色！继续努力。"

"好，"汤姆说，"但你为什么不把你赞美的话放在我装薪水的口袋里呢？"

"一定会的，年轻人。"

老板非常遵守诺言。当下个月汤姆领到薪水袋时，发现里面附着一张小纸条，上面写着："你干得非常出色！继续努力，表现更好。"

赞美加一点儿新意，鼓励作用会更大。正如有人所说："一点儿新意，一片天空"，这样的话赞美之术会更趋完美。

赞扬要有新意，当然要独具慧眼，善于发现一般人很少发现的"闪光点"和"兴趣点"，即使你一时还没有发现更新的东西，也可以在表达的角度上有所变化和创新。

对一位公司经理，你最好不要称赞他如何经营有方，因为这种话他听得多了，已经成了毫无新意的客套了；倘若你称赞他目光炯炯有神、潇洒大方，他反而会被感动。

赞美是所有声音中最甜蜜的一种,赞美应该给人一种美的感受。新颖的语言是有魅力的,有吸引力的。简单的赞扬也可能是振奋人心的。但是一种本来不错的赞扬如果多次单调重复,也会显得平淡无味,甚至令人厌烦。一个女人就曾说过,她对别人反复说她长得很漂亮已经感到很厌烦,但是当有人告诉她,像她这样气质不凡的女人应该去演电影时,她笑了。

仪态万方这一目标,几乎是所有的女人孜孜以求的。这是她们最大的虚荣,并且常常希望别人赞美这一点。但是对那些有沉鱼落雁之容、闭月羞花之貌的倾国倾城的绝代佳人,就要避免对其容貌的过分赞誉,因为对于这一点她已有绝对的自信。你可以转而去称赞她的智慧、她的品格。

日本著名心理学家多湖辉先生在一本书里举了这么一个例子:有位杂志社的记者,有一次去采访一位地位很高的财经界人士。话匣子一打开,就首先称赞对方的理财手段如何高明,继而想打听一些对方成功的奥秘。但由于这是初次采访,不容易快速地接触到问题的实质。

这时,那位记者灵机一动,将话题一转,说道:"听说您在业余时间很喜欢钓鱼,在钓鱼上是行家里手。在下偶尔也喜欢钓钓鱼,不知道您是否可以介绍一些这方面的经验?"那位知名人士一听此话,笑颜顿开,侃侃谈起钓鱼经来。结果不用说,宾主双方俱欢,尔后的采访自然容易了许多。

分析一下这位知名人士的心态,不难看出,有关经营方面的好话早已经听得耳根生茧了。这个记者看到了知名人士的另一个不太为人所知的优点,从该知名人士的业余生活入手,最后完满地达到了预期目的,其方法令人叹服。

赞美的新意很重要,但更需要我们综合各方面的因素来翻出恰当的"新"意，否则便会弄巧成拙、适得其反。马克·吐温曾经说过："一句好的赞美能当我 10 天的口粮。"我们每天都让新鲜的赞美流淌入他人的生活中，那么彼此对生活的积极性就会增强。

多在背后说他好

世上背后道人闲话的人不少，大家都很清楚，被说之人一旦知道便会火冒三丈，轻则与闲话者绝交，重则找闲话者当面算账。因此，人们都应以此为戒，不要犯背后说他人闲话的忌讳。但是，背后说人优点却有佳效。

《红楼梦》中有这么一段描写，史湘云、薛宝钗劝贾宝玉做官为宦，贾宝玉大为反感，对着史湘云和袭人赞美林黛玉说："林姑娘从来没有说过这些混账话！要是她说这些混账话，我早和她生分了。"

凑巧这时黛玉正来到窗外，无意中听见贾宝玉说自己的好话，"不觉又惊又喜，又悲又叹"。结果宝黛两人互诉肺腑，感情大增。

在林黛玉看来，宝玉在湘云、宝钗、自己三人中只赞美自己，而且不知道自己会听到，这种好话就不但是难得的，还是无意的。倘若宝玉当着黛玉的面说这番话，好猜疑、好使小性子的林黛玉可能就认为宝玉是在打趣她或想讨好她。

背后说别人的好话，远比当面恭维别人或说别人的好话效果要明显好得多。不用担心，我们在背后说他人的好话是很容易就会传到对方耳朵里去的。

赞美一个人，当面说和背后说所起到的效果是很不一样的。如果我们当面说人家的好话，对方会以为我们可能是在奉承他、讨好他。

当我们的好话是在背后说时，人家会认为我们是出于真诚的，是真心说他的好话，人家才会领情，并感激我们。假如我们当着上司和同事的面说上司的好话，同事们会说我们是在讨好上司、拍上司的马屁，从而容易招致周围同事的轻蔑。另外，这种正面的赞美所产生的效果是很小的，甚至还会有起到反效果的危险。同时，上司脸上可能也挂不住，会说我们不真诚。与其如此，还不如在上司不在场时，说尽上司好话。而我们说的这些好话，最终有一天会传到上司耳中的。

有一位员工与同事们闲谈时，随意说了上司几句好话："梁经理这人真不错，处事比较公正，对我的帮助很大，能够为这样的人做事真是一种幸运。"这几句话很快就传到了梁经理的耳朵里，梁经理心里不由得有些欣慰和感激。而那位员工的形象也在梁经理心里上升了。就连那些"传播者"在传达时，也忍不住对那位员工夸赞一番："这个人心胸开阔、人格高尚，难得！"

在日常生活中，背着他人的赞美往往比当面赞美更让人觉得可信。因为你对着一个不相干的人赞美他人，一传十，十传百，你的赞美迟早会传到被赞美者的耳朵里。这样，你赞美的目的也就达到了。

在日常生活中，如果我们想赞扬一个人，不便对他当面说出或没有机会向他说出时，可以在他的朋友或同事面前适时地赞扬一番。

据国外心理学家调查，背后赞美的作用绝不比当面赞扬差。此外，若直接赞美的力度不足会使对方感到不满足、不过瘾，甚至不服气，过了头又会变成恭维，而用背后赞美的方法则可以缓和这些矛盾。因此，有时当面赞扬不如通过他人间接赞扬的效果好。

当你面对媒体时，适当地赞美你的同行是一种风度，也是一种艺术。

足球教练陈亦明为人爽朗，心直口快，极善处理与球员、官员、球迷以及媒体的关系。记者问陈亦明："张宏根和左树声都有执教甲A的资历，如何能成为你的助手?"陈亦明先以简明之言道出了"团结就是力量"这个道理，再道出："国内名气比我们大的不少。一个人斗不过，三个人组合就强大多了。张导是我的老师，左导是我的师兄弟，我们的组合可谓是强强联手，'梦幻组合'。"他的话令人不由想到了当年那集NBA所有高手的美国国家篮球队——梦之队的威风八面。其语既自我褒扬，又夸张、左二人，敷己"粉"而不显摆，赞他人又不显媚，将"自我标榜"及"恭维他人"的语言艺术发挥到了极致。

张艺谋做人很随和，做导演却极富个性。对其同班同学另一位名导演陈凯歌，他的评价如下："凯歌是个很出色的导演，我跟凯歌的特点在于我们都保持自己的个性。这个个性你可以不喜欢、不欣赏，但凯歌从不妥协，他保持他的个性。而中国这样的导演很少。不能因为凯歌的作品没有得奖就说这说那的，我觉得这是一种短视。"

多在别人面前去赞美一个人，是你与那个人关系融洽的最有效的方法。假如有一位陌生人对你说："某某朋友经常对我说，你是位很了不起的人!"相信你感动的心情会油然而生。那么，我们要想让对方感到愉悦，就更应该采取这种在背后说人好话、赞扬别人的策略。因为这种赞美比一个魁梧的男人当面对你说"先生，我是你的崇拜者"更让人舒坦，更容易让人相信它的真实性。

体贴别人，给对方台阶下

善于交际的人在交谈中懂得给别人留情面，有时候还会巧装糊涂，体贴别人，给对方一个台阶下。

李女士想买双鞋，但一个下午都没挑到满意的，批评意见倒提了不少。最后，李女士干脆请售货员找来老板，当着许多顾客的面滔滔不绝地说一些如"这双鞋的后跟太高了""我不喜欢这种皮料""你们的服务态度真不好，我选了一下午的鞋子，居然没有一个人过来帮我出点儿主意"之类的牢骚话。

那位老板就像一名听话的小学生一样，一直站在旁边听她发表"高论"，一声都没有吭。直到李女士说完，老板才缓缓地说："对不起，请你等一会儿。"然后便走到鞋架旁，拿出一双鞋摆在李女士面前说："我想这双鞋最能衬托你的气质。"

李女士半信半疑地将鞋穿上，结果不但大小合适，而且颜色、样式都令她十分满意。

于是李女士满意地说："这双鞋好像是专门为我定做的一样。"最后高高兴兴地付账离开。

做生意，人们都知道秉持"顾客至上"的信条。一般而言，无论顾客说什么，你都不可以反驳，除非顾客有侮辱你人格的地方，否则你就应该像那位鞋店老板一样听她说话，然后再发表你的意见。这位鞋店老板十分懂得顾客的这种心理，也知道用什么话"攻"她的心。

因此，遇到这类不讲理或专门找麻烦的人，不妨学着鞋店老板"顺水推舟"，而不要发脾气或没耐心地应付。

一位外宾吃完最后一道菜，顺手把制作精美的景泰蓝食筷"插入"自己的口袋。

这时，一位服务小姐看到了。但她并没有当场给顾客难堪，而是不露声色地迎上去，双手捧着一只装有景泰蓝食筷的绸面小匣说："先生，我发现您在用餐时，对景泰蓝食筷颇为喜爱。非常感谢您对这种精细工艺品的赏识，为了表达我们的感谢之情，经经理同意，我们把这双图案最精美的景泰蓝食筷赠送给您，并按优惠价记在您的账上，您看好吗？"

善于交际的人在交谈中懂得给别人留情面，有时候还会巧装糊涂，给对方一个台阶下。因为他们知道，含蓄的言语比犀利的话语更能打动对方的心，从而让对方"软化"。

切忌跟人发生正面冲突

天底下只有一种能在争论中获胜的方式，就是避免争论。

第二次世界大战刚结束的一天晚上，戴尔·卡耐基在伦敦得到了一个极有价值的教训。当时他是罗斯·史密斯爵士的私人经纪。"二战"期间，史密斯爵士曾任澳大利亚空军战斗机飞行员，被派往巴勒斯坦工作。欧战胜利缔结和约后不久，他以30天旅行半个地球的壮举震惊了全世界，没有人完成过这壮举，这引起了很大的轰动。澳大利亚政府颁发给他50万美元奖金，英国国王授予了他爵位。有一天晚上，卡耐基参加了为推崇史密斯爵士而举行的宴会。宴席中，坐在卡耐基右边的一位先生讲了一段幽默故事，并引出了一句话，意思是"谋事在人，成事在天"。他说那句话出自圣经，但他错了。卡耐基知道，并且很肯定地知道出处，一点儿疑问也没有。为了表现出优越感，卡耐基很讨嫌地纠正他。他立刻反唇相讥："什么？出自莎士比亚？不可能，绝对不可能！那句话出自圣经。"他自信确定如此！

那位先生坐在戴尔·卡耐基右首，他的老朋友弗兰克·格蒙在卡耐基左首，他研究莎士比亚的著作已有多年。于是，卡耐基和那位先生都同意向他请教。格蒙听了，在桌下踢了卡耐基一下，然后说："戴尔，这位先生没说错，圣经里有这句话。"

那晚回家路上，卡耐基对格蒙说："弗兰克，你明明知道那句话出自莎士比亚。""是的，当然，"他回答，"哈姆雷特第五幕第二场。可是亲爱的戴尔，我们是宴会上的客人，为什么要证明他错了？那样会使他喜欢你吗？为什么不给他留点儿面子？他并没问你的意见啊！他不需要你的意见，为什么要跟他抬杠？应该永远避免跟人家正面冲突。"

卡耐基曾经说："很多时候你赢不了争论。要是输了，当然你就输了；如果赢了，还是输了。"在正面争论中，并不产生胜者，所有人在正面争论中都只能充当失败者，无论他（她）愿意与否。因为，十之八九，争论的结果都只会使双方比以前更加相信自己绝对正确；或者，即使你感到自己的错误，却也绝不会在对手跟前俯首认输。在这里，心服与口服没法达到应有的统一。人的固执性，将双方越拉越远，到争论结束，双方的立场已不再是开始时的并列，一场毫无必要的争论造成了双方可怕的对立。所以，天底下只有一种能在争论中获胜的方式，就是避免争论。

口头冲突除了浪费时间、影响感情外，其实也很难争出个输赢来。因为越到最后，双方的理智因素就会越少，成了每人一套理论，各说各的，谁也说服不了谁。与其这样，还不如避免口头上的正面冲突，各做各的事去，不在这上面浪费时间和感情。

给人情面，不要咄咄逼人

与人交往，要懂得给人留情面，即使自己有理，也不要咄咄逼人。

失败的人常犯的毛病是：自以为是，逮到机会就大发宏论，把别人批评得脸一阵红一阵白，自己则大呼痛快。其实，这样做最终会让自己吃苦头。事实上，给人面子并不难。尤其是一些无关紧要的事，你更要学会给人面子。

宋朝宰相韩琦在带兵期间，有一天晚上批阅公文到夜深。那位为他举烛的卫兵实在太困了，不小心将韩琦的头发烧掉一绺。韩琦只是摸了摸头发，一言未发，继续批阅公文。过了一会，他抬头一看发现卫兵换了人，才意识到刚才那个卫兵已被卫队长责罚了。他忙走出去，对卫队长说："他已经知道怎样拿蜡烛了，不要惩罚他。"还好言安慰那位卫兵。

还有一次，韩琦宴请下级官吏，并拿出一个玉杯请大家欣赏。这对玉杯价值连城，韩琦十分珍视。不料，一位下级官员喝醉了，不小心将玉杯碰落在地。这位官员吓得酒都醒了，跪在地上连称"死罪"。谁知，韩琦只是淡淡地说："大凡宝物，该有它时它就来了，不该有它时它就走了。天数如此，这不是你的错。"经此一事，朝中上下无不传颂韩琦的度量。

稍加留意，我们就会发现，越是地位崇高的人，越是谦虚待人，处处照顾别人的面子。

与人交往，一定要学会照顾别人的情面，千万不要咄咄逼人。咄咄逼人只会让人厌恶，让人产生刻薄的印象。没有人愿意跟刻薄的人交往。

第五章

说出口的话比心里的话多一件衣服

——情商高的人，人情味儿也浓

想说场面话先要学会客套

客套，包含着客气、谦卑，处处显示出对别人的尊重；客套，还显示出你的平和与内敛。

客套是语言艺术中的一种。我们往往在教育孩子的时候会说"见了大人要打招呼，借了同学的橡皮要说谢谢，不小心碰倒了人家要说对不起"等，这是最基础的礼貌教育。

客套的书面文字是那么的枯涩、乏味，但是变成语言之后，却是那么的悦耳和动听。

一次，李女士去看重病中的好朋友，看到对方非常痛苦的样子，她没有说一句话。她没有说话是因为当时有许多的顾虑：说客套话吧，不能表达自己的心情；不说话吧，又被认为冷眼旁观。她太内向了。

这种"内向"要比虚情假意和口蜜腹剑的做法诚实得多。但是，由于不能充分地表达自己的内心，在他人看来一切都等于零。一个人如果连一句最普通的客套话都不会说，探望病人的时候，连一句"没事吗"都说不出口，这种人会给人一种冷酷的感觉。

所以，生活中要学会说客套话，用自己的语言表达出自己的感情，比如"没事吗"这句话，你并不是只把字面的含义说给对方，这里面，你可以加进去自己的真实感情，比如"有什么我能帮你的""我看到你难受的样子非常难过""没事吗？好了之后，我们一起去打保龄球"。这样，更有益于促进彼此之间的关系。

客套不是低声下气，是尊重；客套不是虚伪，是礼貌。

生活、工作哪一样都需要语言作为纽带。人要衣装，语言也要靠包装。语言的魅力，在于使人心悦诚服，语言的运用，在于修养气度。

会客套的人，说出来的话叫人喜欢听、愿意听，别人也会欣然接受；不会客套的人，常常面临许多的尴尬，造成许多的误解，出现人际关系的障碍，导致自己的人脉越来越窄。

有的人说，客套多，朋友多；朋友多，好事多。这句话一点都不假。因为客套和寒暄可以帮助你认识很多朋友，缩短人与人之间的距离，从而促成两人的交往。

在生活当中，我们往往会听到如"谢谢您""多谢关照""劳驾""拜托"之类的客套话。这样的客套话可以向别人表示感谢，能沟通人与人的心灵，建立融洽的人际关系。在求人帮忙以后，应真诚地说一声"谢谢"。如果你不说一声"谢谢"，只把感激之情埋在心底，对方会有一种不快的感觉，他的劳动没有得到肯定，或认为你不懂礼貌，今后也不会再帮助你。同样，在打搅别人，给别人添麻烦时能真诚地说一声"对不起"，对方的气就会减少一半。所以，在人际交往、求人帮忙的过程中，我们千万不要忽视客套的作用。

许多时候，客套就是表现出对对方的尊重、礼节和谦虚，比如有做报告或讲话，总会说"我资质不高，研究不够，恐怕讲不好"，或者是"我讲得不好，请大家批评指正"。诸如此类的客套话，看起来是随口而出，实际上起着表达讲话者谦恭愿望的作用。

客套必须要自然，要真诚，言必由衷，富有艺术性。

小王是上海某大饭店里的服务员。著名美籍华裔舞蹈家孟先生第一次到该饭店，小王向他微笑致意："您好！欢迎您光临我们酒店。"第二次来店，小王认出他来，边行礼边说："孟先生，欢迎您再次到来，我们经理有安排，请上楼。"随即陪同孟先生上了楼。时隔数日，当孟先生第三次踏入酒店时，小王脱口而出："欢迎您又一次光临。"孟先生十分高兴地称赞小王："不呆板，不制式。"

小王之所以会受如此表扬，在于他并不是鹦鹉学舌，见客只会一声"欢迎光临"，而能根据交际情境的变化运用不同的方法，表现出他对工作的热爱和说话的艺术。

"人有礼则安，无礼则危。故曰，礼者不可不学也"。可见，人类从很早以前就开始呼唤礼仪，呼唤文明。有的人总是说，礼仪中的寒暄是人际交往的废话，其实这句话是不正确的。

在人际交往中往往少不了客套，客套会使我们彼此之间的关系更加和谐。要把"谢谢""对不起""请"常挂嘴上。请人办事说一声"劳驾"，送客临别讲一句"慢走"，这些都能显示出你礼貌周到、谈吐文雅。擅长外交的人们像精通交通规则一般精于客套，得体的客套同我们美好的仪容一样，是永久的荐书。以下是总结出的一些日常生活中常用的客套话：

初次见面说"久仰"，好久不见说"久违"。

请人评论说"指教"，求人原谅说"包涵"。

求人帮忙说"劳驾"，求给方便说"借光"。

麻烦别人说"打扰"，向人祝贺说"恭喜"。

请人改稿称"斧正"，请人指点用"赐教"。

求人解答用"请问"，赞人见解用"高见"。

看望别人用"拜访"，托人办事用"拜托"。

宾客来到用"光临"，送客出门称"慢走"。

招待远客称"洗尘"，陪伴朋友用"奉陪"。

请人勿送用"留步"，欢迎购买叫"光顾"。

与客作别称"再见"，归还原物叫"奉还"。

对方来信叫"惠书"，老人年龄叫"高寿"。

得体的"致谢"会更加温暖对方的心窝，也能使你的语言更加充满魅力。得体的"道歉"是你送给对方的礼物，也是调和可能产生紧张关系的一帖灵药……有的人往往容易把应酬、客套、寒暄甚至是聊天这些基础的交往行为看作是虚伪、庸俗和毫无意义的东西，在思想上加以排斥，在行动上加以抵制。这样的人违背了人类的某些本性，在交际上会屡屡受挫，连连吃亏。

客套并不一定是在语言上，一个眼神、一个手势，点一下头，微笑一下，或给对方送些小礼物，凡此种种，都属于客套的范畴。换句话来说，客套是一个比较宽泛的概念，客套是一种礼节，如果客套运用得好，会使你收到意外的惊喜。

日本松下电器公司的松下幸之助是个很讲客套的人。他在交托下属去执行某一件事时，会说："这件事拜托你了。"遇到员工时，他会鞠躬并说"谢谢你""辛苦了"之类的客套话，有时会亲自给员工斟一杯茶，或者送给员工一件小礼物。

就是因为这种客套，员工才毫无怨言地为他尽心竭力。

人类是一种感情的动物，从某种意义上说，人际关系网正是出于人类感情交流的需要。客套是温暖的，能加深对方的了解、亲切关系，增加友谊，彼此之间的关系因为客套而发生变化，心理距离也会随之缩短，感情自然有了呼应和共鸣。

在人际交往中，要想使别人怎么对你，你首先就要学会如何对待别人。客套一下，看似平常，可它却能引起人际间的良性互动，成为交际、办事成功的促进剂。

没话也要找话说，营造热络的气氛

话题是初步交谈的媒介，是深入细谈的基础，是纵情畅谈的开端。没有话题，谈话是很难顺利进行下去的。要想营造热络的气氛，没话题也要找话题。

不善言谈在交际场中很容易陷入尴尬局面。首先必须掌握没话找话的诀窍。没话找话说的关键是要善于找话题，或者根据某事引出话题。

好话题的标准是：至少有一方熟悉，能谈；大家感兴趣，爱谈；有展开探讨的余地，好谈。那么，怎么找到话题呢?

1. 众人都关心的话题

面对众多的陌生人，要选择大家关心的事件为话题，把话题对准大家的兴奋中心。这类话题是大家想谈、爱谈又能谈的，人人有话，自然能说个不停了。

2. 借用新闻或身边的材料

巧妙地以彼时、彼地、彼人的某些材料为题，借此引发交谈。有人善于借助对方的姓名、籍贯、年龄、服饰、居室等即兴引出话题，常常收到好的效果。"即兴引入"法的优点是灵活自然、就地取材，其关键是要思维敏捷，能做由此及彼的联想。

3. 提问的方式

向河水中投块石子，探明水的深浅再前进，就能有把握地过河。与陌生人交谈，先提一些"投石"式的问题，在略有了解后再有目的地交谈，便能谈得更为自如。

4. 找到共同爱好

问明陌生人的兴趣，循趣发问，能顺利地进入话题。如对方喜爱足球，便可以此为话题，谈最近的精彩赛事、某球星在场上的表现以及中国队与外国队的差距等，都可以作为话题而引起对方的谈兴。引发话题，类似"抽线头""插路标"，重点在"引"，目的在导出对方的话茬儿。

5. 搭上关系，由浅入深

孔子说"道不同，不相为谋"，只有志同道合，才能谈得拢。我国有许多"一见如故"的美谈。陌生人要能谈得投机，要在"故"字上做文章，变"生"为"故"。下面是变"生"为"故"的几个方法：

（1）适时切入。看准情势，不放过应当说话的机会，适时地"自我表现"，能让对方充分了解自己。

交谈是双边活动，光了解对方，不让对方了解自己，同样难以深谈。陌生人如能从你"切入"式的谈话中获取教益，双方会更亲近。

（2）借用媒介。寻找自己与陌生人之间的媒介物，以此找出共同语言，缩短双方距离。如见一位陌生人手里拿着一件什么东西，可问："这是什么？……看来你在这方面一定是个行家。正巧我有个问题想向你请教。"对别人的一切显出浓厚兴趣，通过媒介物引发表露自我，交谈也会顺利进行。

（3）留有余地。留些空缺让对方接口，使对方感到双方的心是相通的，交谈是和谐的，进而缩短距离。

有经验的记者能通过观察和分析，迅速与对方套近乎，找到一个可以引起双方话题的共同点，打破那种不知从何谈起的场面。

一位记者去采访一位教师，行前有人说这位老师性格有点儿古怪，经常三言两语就把人打发了。记者到学校去找时，他正在跟传达室的人发脾气。记者一听他说话的口音是山西人，心里暗暗高兴，因为他也是山西人。后来，他们的交谈就从家乡谈起，越谈越热乎，这一段题外话也为正题做了很好的铺垫。

在交际过程中，谈话时要善于寻找话题，这样才能套上近乎。有位交际大师指出：交谈中要学会没话找话的本领。

引起亲切感的场面话

对于初次见面以及了解不深的人，如何借语言消除彼此之间的陌生感，缩短隔阂，以获得信赖，是一门大学问。

借由关心对方的家人或使用流行语引起强烈的亲切感，产生"同伙意识"，别人当然乐意与你交往。自古以来，许多政治家都具有使人觉得亲切的本事。他们懂得利用人性的各项弱点，使人心悦诚服，接受领导。

河野一郎是日本一位政治家，十分懂得利用人们的微妙心理，借巧妙的场面话使人大受感动。

1959年，他在纽约旅行时，巧遇了多年不见的好友米仓近。他乡遇故知，两人非常高兴地握手寒暄，互道近况，畅谈甚欢。各自回到旅馆之后，河野一郎立刻拨了一通国际电话给米仓近在东京的妻子："我叫河野一郎，是米仓近的老朋友，你先生在纽约一切都很好。"

米仓近的妻子感激莫名，顿时热泪盈眶。一直到后来，米仓夫妇还经常向人谈论起这件事。

人在潜意识里，总是会特别惦念自己的父母、妻子等关系亲近的人，一旦发现对方也在关心着自己关心的人，或者具有相同的关心心态，大都会产生认同感。利用这种共同的心理倾向，先使人产生亲切感，接下来，自然能够成为受人欢迎的人物。

在日常生活中，常把"令尊好""嫂夫人好""孩子们可好"等问候语挂在嘴边，必能使他人觉得备受关心，深深感动。

有位知名播音员非常受观众欢迎，经常率团到各地巡回演出。每到一个新的地方，他一定要套用一两句当地的用语，以拉近和观众之间的距离。

这些事例，都基于同一原则——赢取亲切感。借由关心对方的家人，或是使用流行语、当地的方言，可以引起强烈的亲切感，产生同属一个团体的归属意识，强调"同伴""同伙"的关系，别人当然乐于与你交往。此外，巧妙选择称呼对方的方式，也能够成功营造同伙意识，增加亲切感。

由于工作的关系，日本心理学家多湖辉经常和美国人往来。

在谈话当中，他发现西方人讲话时有一个共同点，就是他们习惯把对方的名字挂在嘴边，例如"谢谢您，多湖先生""多湖先生，你的英文还不太行呢""再见了，多湖先生"等。

但是东方人多半只喊对方的官衔或职名，在交际应酬中，总是不习惯直呼名字。

两种不同的称呼方式会导致不同效果，在与人交谈时，西方人透过称呼对方的名字，能够轻易获得亲切感，进一步促进彼此之间情感的交流。

称呼别人的名字，不以官衔、地位、职位等面具式的虚饰称呼，多能够缩短彼此之间的心理差距，于无形中产生亲切感，是把话说得更巧妙的有效技巧。

说好难说的话，从生活细节开始

要想尽量不置身于尴尬的境地，首先要做的就是注意那些容易出现尴尬的场合和时刻，最好能防患于未然。

说话要注意礼节，避免忌讳。礼貌是文明交谈的首要前提。在交谈中要体现出敬意、友善、得体的气度和风范。要做到礼貌交谈，首先就要使用礼貌用语，如"请""谢谢"等；其次要注意学习一些礼貌忌语，一语不慎造成的后果可能是很难弥补的。

礼貌忌语是指不礼貌的语言，他人忌讳的语言，会使他人引起误解、不快的语言。不礼貌的语言，如粗话、脏话，是语言中的垃圾，必须坚决清除。他人忌讳的语言是指他人不愿听的语言，交谈中要注意避免使用。如谈到某人死了，可用"病故""走了"等委婉的语言来表达。

容易引起误解和不快的语言也要注意回避。在议论他人长相时，可把"肥胖"改说成"丰满"或"福相"，"瘦"则用"苗条"或"清秀"代之。参加婚礼时，应祝新婚夫妇白头偕老，避免说不吉利的话。在探望病人时，应说些宽慰的话，如"你的精神不错""你的气色比前几天好多了"等等。

随着语言本身的发展，一些词汇的意义也发生了转移，譬如"小姐"等，在使用时要针对不同对象谨慎决定。还要注意，在日常生活中，遇到矛盾冲突时应冷静处理，不用指责的语言，应多用谅解的语言。

在交谈中，每说一句话之前都要考虑一下你要说的话是否合适，不要口无遮拦，想说什么就说什么，给其他人造成不快。

除非是亲密的朋友，否则最好不要对个人的卫生状况妄加评论。如果某人的肩膀上有很多头皮屑或口中很难闻，或者拉链、纽扣没弄好，请尽量忍耐不去想，并等和他亲密一些的朋友告诉他。如果你直接告诉他，特别是在人比较多的场合，很容易让对方处于尴尬的境地。

许多人不喜欢别人问自己的年龄，尤其对女性而言，年龄是她们的秘密，不愿被人提及。对钱等涉及个人收入这类私人问题的询问通常也是不合适的，可以置之不理。

切忌哪壶不开提哪壶。人们在交谈中常有一些失言："哎，你儿子的脚跛得越来越厉害了""你怎么还没结婚""你真的要离婚吗"等，一些别人内心秘而不宣的想法和隐私被你这些话无情地暴露了出来，实在是不够理智。

如果你想让人喜欢，就不要对跛子谈跳舞的好处和乐趣；不要对一个自立奋发的人谈祖荫的好处；不要无端嘲笑和讽刺别人，尤其是别人无能为力的缺陷，否则就是一种刻薄。此外，除非是熟识的亲友，不必多谈对方的健康问题，他若身有不适，很可能勾起他的愁绪，一旦他抱怨起自己的疾病和痛苦，你又未必会感兴趣，但你若没表露足够的同情心，则会使对方觉得你冷漠、自私。既然如此，那又何不谈些令人愉快的事呢？

一般说来，批评别人的话题应尽力避免，然而赞美别人所做的工作和本领却是很合宜的，常会使听者感到愉快。

有一位姑娘谈恋爱遇挫，头一回感情旅程就打了"回程票"，心里有点儿懊恼。这位姑娘性格内向，平时不善言谈，也没有向旁人袒露内心的秘密。单位里一个与她很要好的同事在办公室里看到她愁容不展，就当着众人的面说起安慰话："这个人有什么好，凭你这种条件，还怕找不到更好的？"没等她说完，这位姑娘就跑出办公室。这时她才感到在这样的地方说这样的安慰话有些不当，这位姑娘当然无法领情。几句安慰话倒成了彼此尴尬的缘由。由此可见，即使说安慰话也要尊重对方的人格，充分考虑到对方的性格和习惯。

对性格内向的人，一般不宜在众人面前直接给予安慰；对不喜欢别人安慰的人，一般不要随意给予安慰。尤其是涉及别人的隐私，万万不可"好心办错事"，不宜在公开场合"走漏风声"。在说安慰话时，还得不同对象不同处置。

在语言交际中，我们经常还会遇到一些令人尴尬的问话，比如涉及国家、组织的秘密，涉及个人收入、个人生活以及人际关系等问题。对待这样一些提问，如果我们用"不能告诉你"来回答，那会使你显得粗俗无礼，如果套用外交用语"无可奉告"来作答，那又会给提问者造成心理上的失望与不快。总之，对待这样一些古怪的问题，我们答得不好，就有可能自己给自己套上难解的绳索，使自己陷入十分难堪的泥淖，不能自拔以致大失脸面。因此，与之相关的话题就要注意避免，以防止出现问题。

有些可以预见的难堪，应该设法去避免它的出现。如果某主管欲将一位不重用的职员降调至 A 分公司，直接对他说："我要将你调到某一公司去。"则他的内心必定会有被放逐的感觉。但如果说："我本想派你到 A 分公司或 B 分公司，但我考虑的结果还是认为 A 分公司较为恰当，因为 B 分公司对你来说太远了，可能不太方便，所以还是麻烦你到 A 分公司去。"

这样一来对方就不会有被流放的感觉，他的心里只存在如何选择的问题。

只要平时多注意如何预防尴尬，尴尬出现的概率就会小很多。

自我调侃帮你走出尴尬

由于我们的过失，造成了在谈话中出现难堪，这时我们不要责备他人，还是找找自己的责任，采用自我调侃的方式低调退出吧。

有一次，十多年没见的老同学聚会，因为大家都是好朋友，所以说起话来直来直去。有一位男同学打趣地问一位女同学说："听说你的先生是大老板，什么时候请我们到大酒店吃一顿?"他的话刚说完，这位女同学开始不安起来。原来这位女同学的丈夫前不久因意外去世了，但这位开玩笑的男同学并不知道，因而玩笑开得过了一点儿。旁边的一位同学暗示他不要说了，谁知这位男同学偏要说，旁边的那位同学只得告诉他真实的情况，这位男同学非常尴尬。不过他迅速回过神来，先是在自己脸上打了一下，之后调侃地说："你看我这嘴，十多年过去了，还和当学生时一样没有把门的，不知高低深浅，只知道胡说八道。该打嘴！该打嘴!"女同学见状，虽有说不出的苦涩，但仍大度地原谅了老同学的唐突，苦笑着说："不知者不怪，事情过去很久了，现在不提它了。"男同学便忙忙转换话题，从尴尬中解脱出来。

当我们处于类似的由于我们自己的原因造成不好下台时，最好的办法就是不要死要面子活受罪，可以采用自我调侃的办法，真诚一点儿，像该例中的那位男同学一样，表达自己真诚的歉意，而对方也不会喋喋不休地责备我们，相反，还会因为我们的真诚一笑而置之。

人一生中总会有当众失态的时候，此时我们不妨抢先一步对自己进行调侃，好过别人来嘲笑，使自己难堪。

宋朝大文学家石曼卿，人称"石学士"。一日酒后乘马车去报国寺游玩，突然马受惊乱跑，将石曼卿从车上摔了下来。只见石曼卿站起来，拍拍身上的尘土，拿起马鞭，然后风趣地对围观者说："幸亏我是'石'学士，要是'瓦'学士，一定要摔破了。"石学士把自己的姓作了另外一种解释，妙语解颐，为后人称道。

1915年，丘吉尔还是英国的海军大臣。不知他是心血来潮还是什么原因，突然要学开飞机，于是，他命令海军航空兵的那些特级飞行员教他开飞机，军官们只好遵命。

丘吉尔还真有股韧劲儿，刻苦用功，拼命学习，把全部的业余时间都搭上了，负责训练他的军官都快累坏了。丘吉尔虽称得上是杰出的政治家，但操纵战斗机跟政治是没什么必然联系的。也可能是隔行如隔山吧，总之，丘吉尔虽然刻苦用功，但就是对那么多的仪表搞不明白。

在一次飞行途中，天气突然变坏，一段25.75千米的航程他竟然花了3个小时才抵达目的地。

着陆后，丘吉尔刚从机舱里跳出来，那架飞机竟然再次腾空，一头扎到海里去了，旁边的军官们都吓得怔在那里，一动不动。

原来，匆忙之中的丘吉尔忘了操作规程，在慌乱之中又把引擎发动起来了。望着眼前这一切，丘吉尔也不知所措，好在他并没有惊慌，装作茫然不知似的，自我解嘲道：

"怎么搞的，这架飞机这么不够意思。刚刚离开我，就又急着去和大海约会了。"

一句话缓解了紧张的气氛，也让丘吉尔摆脱了尴尬。

在有些尴尬的场合，运用自嘲能使自尊心通过自我排解的方式受到保护，而且还能体现出说话者宽广大度的胸怀。

当你陷入窘境时，逃避嘲笑并非良方，也不是超脱。相反，你殚精竭虑地力图反击，很可能会遭到对手更多的嘲讽，不如来个180度大转变的超脱。这种超脱既能使自己摆脱狭隘的心理束缚，又能使凶悍的对手"心软"下来。

20世纪50年代初，美国总统杜鲁门会见十分傲慢的麦克阿瑟将军。会见中，麦克阿瑟拿出烟斗，装上烟丝，把烟斗叼在嘴里，取出火柴。当他准备划燃火柴时，才停下来，对杜鲁门说："抽烟，你不会介意吧？"

显然，这不是真心地向对方征求意见。杜鲁门讨厌抽烟的人，但他心里很明白，在面前的这个人已经做好抽烟准备的情况下，如果说他介意，那就会显得自己粗鲁和霸道。

杜鲁门看了麦克阿瑟一眼，自嘲道："抽吧，将军。别人喷到我脸上的烟雾，要比喷在任何一个美国人脸上的烟雾都多。"

杜鲁门总统以自我解嘲的形式来摆脱难堪的境况，而他自嘲，还包含着深深的责备和不满，无形中给了傲慢的将军以含蓄的训诫。

当然大多数人都不是故意陷人于难堪境地的。如果过分掩饰自己的失态，反而会弄巧成拙，使自己越发尴尬，并且对方会心神不宁、坐立不安。以漫不经心、自我解嘲的口吻说几句取悦于人的话，却可以活跃气氛，消除尴尬。

某次，柏林空军军官俱乐部举行盛宴招待会，主宾是有名的乌戴特将军。敬酒时，一位年轻士兵不小心将啤酒洒到了将军光亮的秃头上，士兵吓得魂不附体，手足无措，全场人目瞪口呆。面对颤抖的士兵，乌戴特微笑着说："老弟，你以为这种治疗会有效吗？"在场的人闻言大笑起来，难堪的局面被打破。

尴尬场合，运用自嘲可以平添许多风趣。当然，自嘲要避免采取玩世不恭的态度。具有积极因素的自嘲包含着自嘲者强烈的自尊、自爱。自嘲实质上是当事人采取的一种貌似消极，实为积极的促使交谈向好的方向转化的手段而已。

紧张时刻用玩笑做掩护

说笑能极大地缓解尴尬气氛，甚至在笑声中这种难堪场面会瞬间消失，以至人们很快忘却。

萧伯纳有一次遇到一位胖得像酒桶似的牧师，他跟萧伯纳开玩笑说："外国人看你这样干瘦，一定认为英国人都在饿肚皮。"萧伯纳谦和地说："外国人看到你这位英国人，一定可以找到饥饿的根源。"要用幽默来回敬对方。幽默感是避免人际冲突、缓解紧张的灵丹妙药，不会造成任何损失，不会伤及任何人。

如果活动中出现尴尬局面，说句调笑的话更是使双方摆脱窘迫的好办法。例如，两个班级联欢，男女舞伴第一次跳舞，由于一方的水平低发生了踩脚的情况，说"没关系"这样礼貌的话可能还会加重对方的紧张，如果用一句"地球真小，我俩的脚只能找一个落点了"，可使双方欢笑而心理放松。

尴尬是在生活中遇到处境窘困、不易处理的场面而使人张口结舌、面红耳赤的一种心理紧张状态。在这种时候，人们感觉比受到公开的批评还难受，会引起面孔充血、心跳加快、讲话结巴等。主动讲个笑话逗大家笑，绝对是减轻该症状的良方，尤其是在很多人看着你的时候。

苏联著名女主持人瓦莲金娜·列昂节耶娃有一次向观众介绍一种摔不破的玻璃杯。准备时几次试验都很顺利，谁知现场直播时竟出了意外，杯子摔得粉碎。而这时，成千上万的观众正看着屏幕。她灵机一动说："看来发明这种玻璃杯的人没考虑到我的力气。"幽默的语言一下子就使她摆脱了窘境。

一位演说家对听众说："男人，像大拇指（做手势）；女人，像小指头儿……"话未说完，全场哗然，女听众们强烈反对他的比喻，他没法再讲下去了。怎么办？他立刻补充说："女士们，大拇指粗壮有力，而小手指则纤细、灵巧、可爱。不知哪位女士愿意颠倒过来？"一句话平息了女听众的愤怒，一个个相视而笑。

夫妻之间吵吵闹闹是常有的事，有的小打小闹就过去了，可有的气得决心分家，这种时候，只要你能把对方逗笑，僵局自然就被打破了。

约翰先生下班回家，发现妻子正在收拾行李。"你在干什么？"他问。"我再也待不下去了，"她喊道，"一年到头老是争吵不休，我要离开这个家！"约翰困惑地站在那儿，望着他的妻子提着皮箱走出门去。忽然，他冲进房间，从架上抓起一只皮箱，也冲向门外，对着正在远去的妻子喊道："等一等，亲爱的，我也待不下去了，我和你一起走！"怒气冲天的妻子听到丈夫这句既可笑又充满对自己爱心和歉意的话，就像气球被扎了一个洞，很快气就消了。

当约翰的妻子抓起皮箱，冲出门外之时，我们不难想象，约翰是多么的难堪、焦急！但他既没有苦劝妻子留下，也没有作任何解释、开导，更没有抱怨和责怪，而是说："等一等，亲爱的，我也待不下去了，我和你一起走！"这哪像夫妻吵架，倒像一对恩爱夫妻携手出游。约翰这番话，以谐息怒，不但会让妻子感到好笑，而且还会让妻子体会和理解丈夫是在含蓄地表达自己对妻子的爱心和歉意以及两人不可分离的关系。听到这番话，妻子怎能不回心转意呢？

恐怕谁都有当众滑倒的经历，每每回想起来都还会感到脸红。摔倒的场面总是很滑稽，难免会引得大家笑，你不妨用一种荒诞的逻辑将这种尴尬变成有利因素，从而自然大方地从困境中解脱出来。

1944年秋，艾森豪威尔亲临前线给第二十九步兵师的数百名官兵训话。当时，他站在一个泥泞的小山坡上讲话，讲完后转身走向吉普车时突然滑倒。原来肃静严整的队伍轰然暴响，士兵们不禁捧腹大笑。面对突发情况，部队指挥官们十分尴尬，以为艾森豪威尔要发脾气了。岂料，他却幽默地说："从士兵们的笑声看来，可以肯定地说，在我与士兵的多次接触中，这次是最成功的了。"

顺着对方的话锋说话

顺梯而下，是指依据当时有利的时机，只要有可能，不可更多地纠缠，应顺势而下，不需要特意地去找，自然而然，做得巧妙，不会引起他人的注意，自己依然保持着主动的局面。顺梯而下有以下两种表现。

1. 顺着对方的话题而下

有时候，一个话题要进行下去，可朝着多种方向发展，我们可以有意识地将话题引往有利于自己的方向，然后顺着话题及时撤出去。

在一次师生座谈会上，师生之间聊起了如何面对自己弱点的话题。会议进行得很温和，从不指名道姓，遇到要举事例的时候，也是以假设开始，诸如"假设你有什么弱点，你该怎么做"。可是后来会议特意留出了一定的时间，让学生就不懂的问题向在座的老师请教。一位同学站起来向一位姓何的老师提问："当一个人遇到了非常难堪的事情，他可以正视它、战胜它，但也可以逃避它，哪种方法更好些呢？"何老师首先肯定了这位同学合理的分析，说："正视它，战胜它！"这位同学接着又问:"能不能问您一个隐私的问题……"正在那位同学还在犹豫该不该问时,何老师说话了:"既然是隐私问题,就不好当着众人的面讲,如果你感兴趣,会后我们可以私下里谈谈。"

在这里,如果何老师让那位同学把话说下去的话,接下来肯定会使自己左右为难,不如顺着对方的话音,巧妙地撤出去,不在原来的话题上打转转。

那些毫无根据又极具挑衅性的提问总是会激起人们的反感,但是直接的指责反而会显得自己涵养不够。所以,我们不如根据对方的诘问,为自己编造一个更严重的罪责,嘲讽对方无中生有、不讲礼貌,表达自己对这种无凭无据的问题的极大愤怒和拒绝回答的态度。

家庭生活中,也难免有下不了台的时候,顺梯而下的方法也可适当利用。

小张有一次到朋友家做客,恰巧他们夫妻在挂一幅装饰画。丈夫问妻子:"挂正了吗?"妻子说:"挺正的。"挂好后,丈夫一看,还是有点儿歪,就抱怨说:"你什么事都马马虎虎,我可是讲求完美的人。"做妻子的有点儿下不来台,见有人在场便开口道:"你说得对极了,要不你怎么娶了我,我嫁给了你呢!"这一巧妙的回答,不仅挽回了面子,又造成了一种幽默的气氛,做丈夫的也感到自己失言了,以一笑来表示歉意。

2. 顺着他人解围而下

在谈话中,如果因为我们自己的难堪,造成整个气氛的不和谐,可能会有知趣的人站出来,及时替你解围,这时,就应该抓住时机,顺着他人解围及时撤出。

小明喜欢和他人诡辩,并且以此为乐事。一天将近中午吃饭时,小可深有感触地说:"人是铁,饭是钢,一天不吃饿得慌。"小明接着说："这句话就不对了，据科学分析，人是可以饿7天的。"小可说："那你饿7天看看。"小明接着说："这句话你又错了，你也可以饿7天的。"小可说："我才没那么傻呢，只有疯子才干这样的蠢事。"小明又说："历史上，很多当时被认为是疯子的人，后人把他们看作是伟人。"小明就这样无限地推演下去。哪知小可的个性淳朴，不喜欢这样饶舌，后来就有点儿无法忍受了。这时小明的好友小冬见状，凑过来说："我们的小可最大的'优点'就是说错了话还不承认。"小可接过话头说："小冬真是了解我。"说着对小明一笑，走开了。

顺梯而下是解窘见效很快的方法之一，它能使人逃脱于无形，而让制造尴尬的人立即停止发话，可谓一箭双雕。

不好回答的话可以岔开说

某单位一女工结婚，在单位散发喜糖。刚巧该单位有一位尚未谈对象的33岁的大龄女青年，大家吃着糖，突然一位同事笑着对那位女青年说："喂，什么时候吃你的喜糖？"大家都望着那位女青年。那位女青年脸微微一红，把脸转向邻近的一位女同事，然后指着那位女同事身上的一件款式新颖的上衣问："咦？这件上衣什么时候买的？在哪个商店买的？"两个人便兴致勃勃地谈起了那件衣服。

在大庭广众之下问大龄女子何时结婚确实是件很不礼貌的事情。女青年碰到这个尖锐的问题时处境十分尴尬，回答不好可能会引起大家的闲话，再说这事也没必要让大家来参与。于是她立刻把话题转移到同事的衣服上，借以回避对方的无聊问题。问者受到毫不掩饰地冷落，自然也意识到自己的失礼，没有理由责怪女青年对自己的置之不理。

毫无疑问，直接转移法可以让你立即摆脱刚才那个令你难堪的话题，然而有一点不足的是，这样显得十分生硬。将话题飞快转向与之毫不相干的地方，看似快速甩开了为难局面，可是心理上仍然是有阴影的。因此，我们要学会更含蓄的言他法——岔换。

岔换法是针对对方的话题而岔换新的话题，字面上看是回答了对方的问题，而实质意义却是不相干的两个问题。它给人的感觉通常是干脆利落，能显示出一种较为强硬的表达气息。

比如，有个发达国家的外交官问非洲一个国家的大使："贵国的死亡率必定不低吧？"大使接过话题就立即掷出一句："跟贵国一样，每人死亡一次。"

这位外交官的问题是针对整个国家说的，而大使岔开话题直言不讳地换用"每个人的死亡"作答，显示了一种针尖对麦芒的强硬态度。

大诗人普希金有一次在彼得堡参加一个公爵的家庭舞会，当他邀请一位小姐跳舞时，这位小姐极傲慢地说："我不能和小孩子一起跳舞！"普希金很礼貌地鞠了一躬，笑着说："对不起！亲爱的小姐，我不知道你怀着孩子。"说完便离开了，而那位自命不凡的小姐无言以对，脸上绯红。

反讽不是气急败坏的叫嚣，也不是"黔驴技穷"的狂鸣，它应该是偶尔露出的峥嵘，锐利锋芒的一现。

利用语言的双解，普希金巧妙将话题的针对点从自己身上转到了那位自命不凡的小姐身上，不露痕迹地就将自己的尴尬转化为了傲慢的小姐的尴尬。所以，我们在采用"顾左右而言他"的解围法时，应尽量把它运用得不露声色，婉转巧妙。

用模糊语言化解尖锐的问题

卡耐基认为，对于一些话题比较尖锐的事情，最好使用模糊语言，给对方一个模糊的意见，或者多用一些"好像""可能""看来""大概"之类的词语，显得留有余地，语气委婉一些。

例如，当学生在课堂上回答不出问题时，作为老师一般不应这样训斥学生："你怎么搞的？昨天你肯定没复习！"而应当用模糊委婉的语言表达批评的意思："看来你好像没有认真复习，是不是？还是因为有点儿紧张，不知道该怎么说呢？"而且应当进一步提出希望和要求："希望你及时复习，抓住问题的要领，争取下次做出圆满的回答，行不行？"这样给了学生面子，也能达到好的效果。

在一些交流场合，尤其是在一些比较正式的场合，经常可以碰到一些涉及尖锐问题的提问，这些提问不能直接、具体地回答，又不能不回答。这时候，说话者就可以巧妙地用模糊语言表达自己的意见，让当事双方都不感到太难堪。

阿根廷著名的足球明星迪戈·马拉多纳所在的球队在与英格兰队比赛时，他踢进的第一个球是颇有争议的"问题球"。据说墨西哥一位记者曾拍到了他用手拍球的镜头。

当记者问马拉多纳那个球是手球还是头球时，马拉多纳意识到倘若直言不讳地承认"确实如此"，那对判决简直无异于"恩将仇报"（按照足球运动惯例，裁判的当场判决以后不能更改），而如果不承认，又有失"世界最佳球员"的风度。

马拉多纳是怎么回答的呢？他说："手球一半是迪戈的，头球一半是马拉多纳的。"这妙不可言的"一半"与"一半",等于既承认球是手臂打进去的,颇有"明人不做暗事"的君子风度,又肯定了裁判的权威。

用模糊语言回答尖锐的提问是一种智慧,它一般是用伸缩性大、变通性强、语意不明确的词语,从而化解矛盾,摆脱被动局面。模糊语言不仅能使对话双方在短时间内消除误会和矛盾,更重要的是,能创造一个相对和谐愉悦的气氛,使交谈能够顺利进行下去。这既是一种小聪明,有些时候,也是一种大智慧。

一个年轻男士陪着他刚刚怀孕的妻子和他的丈母娘在湖上划船。丈母娘有意试探小伙子,就问道:"如果我和你老婆不小心一起落到水里,你打算先救那个呢?"这是一个老问题,也是一个两难选择的问题,回答先救那一个都不妥当。年轻男士稍加思索后回答道:"我先救妈妈。"母女俩一听哈哈大笑,脸上都露出了满意的笑容。"妈妈"这个词一语双关,使人皆大欢喜。

我们在听政府发言人谈话或者看一些文件、公报的时候,常常觉得平淡无味,其实这些语言往往蕴含着非常尖锐的意思,只是用了一些模糊化的词语,让它显得平淡了一些而已。比如外交部发言人谈话中提到"宾主双方进行了坦率的会谈",这里"坦率"的背后意思就是有很多争议,意见分歧非常大;再比如"应当促进双方的交流",意思就是双方的共识太少,彼此之间有比较深的成见。这些模糊化的语言既达到了说明问题的目的,又起到了淡化矛盾的作用。

师出有名,给你做的每件事一个说法

很多时候,我们需要为自己所做的事找一个借口,这样,我们所做的事才更容易得到别人的认同。

做任何事情都要有正当的理由，至少是表面上的。古往今来，凡是成大事的人，都懂得为自己做的事找一个能够为人所接受的借口。

人与人交往，我们有时难免要借助善意的借口、美丽的谎言，因为它是关心对方、理解对方的一种表示，对人际关系的和谐大有裨益。如果我们懂得运用这种真诚和善意来处理相互间的关系，我们与他人的交往便更具艺术性。

戴尔·卡耐基在《人性的弱点》一书中，举了这样一个例子：

一个妇女应老师的要求，回到家中请她的丈夫给自己列出六项缺点。本来，她丈夫可以给她列举出许多缺点，但是，他却没有这样做。而是借口说自己一时还很难想清楚，等次日想好后再告诉她。第二天，他一起床，便给花店打了一个电话，要求给他家送来六朵玫瑰花，并附了一张字条："我想不出有哪六项缺点，我就喜欢你现在的样子。"结果，他妻子不仅非常感激他那善意的宽容，而且自觉、自愿地改正了以前的缺点。

日常交往中，我们每个人都在有意、无意地用着这样或那样的借口。比如，朋友来家做客，不小心打碎了茶杯，这时，你马上会说："不要紧，你才打了一只，我爱人曾经打碎了三只。相比起来，你的战绩平平。"这种幽默的借口，既打破了尴尬的局面，也避免了对方陷入难堪的境地。

可见，在日常生活中，要处理好人与人之间的关系，做到善解人意、与人为善，有时就需要寻找合适的借口，因为这种善意的借口既能满足对方的自尊心，维护对方的颜面，又可以让自己摆脱不必要的尴尬和难堪。

托词不能损害对方的利益

从对方的利益出发，掌握好说"不"的分寸和技巧，给对方一个能够接受的，并且不会伤害对方的托词十分重要。

随着社会的发展，人与人之间的交往越来越密切，也越来越复杂。比如，我们经常会发现办公室中谈笑风生的两个人，其实早已积怨很深。或者昨天还势如水火的两个同事，今天却亲密得俨如老友。从中我们可以看出，办公室中的人际关系确实是高深莫测，让人难以捉摸。其实，我们每个人都希望能够得到他人的关注与理解。因此在职场上，我们要学会理解他人，要把握处理事情的分寸，尤其是我们因为各种原因而不能配合对方时，一定要从对方的利益出发，说好托词。

例如，在办公室里，你在拒绝别人请求时，如只是说"我很忙"，对方则会说你不爱帮助别人。所以，拒绝别人时，要具体地说明一下理由。

再如，你正忙着整理第二天重要会议的资料时，你的上司走过来对你说："先处理这份文件。"

这时，你可以明确地告诉他自己正在为第二天重要会议准备资料，然后让上司判断哪个工作更加急迫。

"是这样啊！你正在做的工作不尽快完成可不行，我的这份之后再弄。"

每个人总会有需要别人施以援手的时候，所以，多一个敌人绝对不是什么好事情。虽然我们避免不了拒绝的发生，却可以采取适当的拒绝方式，最大限度地避免因为拒绝而树敌。

经常有人会说出这样的话："这件事情恕难照办""我们每天都一样地工作，凭什么要我帮你的忙"……如果你听到些话，会是什么反应呢？你会很高兴很客气地说"既然如此，那我就不打扰你了，对不起"吗？恐怕不会吧。你一定会恼羞成怒地回击对方："你这个人讲话怎么如此无情！难道你一辈子就没求过人吗？"然后拂袖而去，甚至伺机报复。

一般情况下，我们在拒绝别人的时候要注意以下几点。

1. 积极地倾听

当你要拒绝别人的请求时，不要随口就说出自己的想法。过分急躁的拒绝最容易引起对方的反感，应该耐心地听完对方的话，并用心弄懂对方的理由和要求，让对方了解到自己的拒绝不是草率做出的，是在认真考虑之后才不得已而为之的。

2. 用和蔼的态度拒绝对方

不要以一种高高在上的态度拒绝对方的要求，不要对他人的请求流露出不快的神色，更不要蔑视或忽略对方，这都是没有修养的具体表现，会让对方觉得你的拒绝是对他抱有成见，从而对你的拒绝产生逆反心理。拒绝对方要保持和蔼的态度，要真诚。

3. 明白地告诉对方你要考虑的时间

我们经常碍于面子不愿意当面拒绝他人的请求，而是以"需要考虑"为借口来避免直接拒绝对方，其实希望通过拖延时间使对方知难而退。这是错误的。如果不愿意立刻当面拒绝，应该明确告知对方考虑的时间，表示自己的诚意。

4. 用抱歉的话语来缓和对方的情绪

对于他人的请求，表示出无能为力，或迫于情势而不得不拒绝时，一定记得加上"实在对不起""请您原谅"等抱歉用语，这样，便能不同程度地减轻对方因遭拒绝而受的打击，舒缓对方的挫折感和对立情绪。

5. 说明拒绝的理由

在拒绝他人的请求时，不要只用一个"不"字就想使对方"打道回府"，而应给"不"加上合情合理的注解，以使对方明白，自己的拒绝并非是毫无理由，而是确有苦衷。

真诚地说出你拒绝的理由是非常必要的，它有助于你们维持原有的友好关系。

6. 提出取代的办法

当你拒绝别人时，肯定会影响他计划的正常进程，甚至使他的计划搁浅。如果你帮他提供一些建设性的意见，当然更能减轻对方的挫折感和对你的怨恨心理。

7. 对事不对人

你要想方设法地让对方知道你拒绝的是他的请求，而不是他这个人。

总而言之，成功地拒绝别人的请求不仅可以节省自己的时间和精力，还可以免除由不情愿行为所带来的心理压力。但前提是，拒绝时必须不损害对方的利益。

幽默拒绝很管用

用幽默的方法拒绝别人，既可以缓解紧张的氛围，又不会影响彼此的友谊。

玛丽抱怨她的丈夫说："你看邻居 W 先生，每次出门都要吻他的妻子，你就不能做到这一点吗？"丈夫说："当然可以，不过我目前跟

W 太太还不太熟。"

玛丽的本意是要她的丈夫在每次出门前吻自己，而丈夫却有意地曲解为让他吻 W 太太，委婉地表达了自己不愿意那样做的本意。

直接拒绝别人很容易伤害对方，甚至造成许多误解，破坏彼此间的友谊。但是，利用幽默，巧妙拒绝，却能使很多问题迎刃而解。

有位员工代表向老板谈加薪的问题，并使出了眼泪战术，苦苦哀求道："老板，请你一定要帮帮忙，现在这点儿薪水我实在无法和我太太继续在一起生活下去呀！"上司回答说："好吧！那么我会出面来说服你太太，要她跟你离婚的。"

在工作当中，如果不懂得拒绝的技巧，往往会吃亏上当。下面的例子很有借鉴意义。

大个子瑞克是一位被公司冷落的老主任。有一天，某部门经理拍着他的肩膀说："瑞克，你看是不是要早日把你的职位让给年轻人？"

"好啊！就这么办！"

"唉！你愿意？"

"是啊！不过俗话说，'鸟去不浊池'，所以我有一个请求，希望能让我把正在进行的工作彻底做好再走。"

"哦！这是理所当然的。不过，你那个工作预计什么时候可以完成呢！"

"我想，大概还要 10 年。"

在拒绝别人时，采用幽默的方式不但不会伤害到对方，而且还可以避免不必要的尴尬。

第六章

情商是里子，幽默是面子

——情商告诉你该说什么，幽默让你说得更漂亮

善用调侃，让自己获得好人缘

拥有好人缘，未必要比他人多付出多少艰辛，未必给他人多少好处。好人缘是在日常生活中通过各种方式不断沉淀和积累而来的，适当的调侃是让自己获得好人缘的有效手段之一。

幽默是人的天性，没有人不向往愉悦的生活。当遇到不如意时，会调侃的人更懂得如何调剂。当受到不公平待遇时，他们即使心情郁闷到极点，也会通过独有的幽默和调侃的语言给人传递出快乐的信息。这样的人乐天且幽默，对生活充满激情，浑身上下洋溢着一种能使人愉悦的气场。

在机关单位上班的老陈人缘极好，单位中无论是领导还是同事，只要提到老陈，没有人会说他的不好。

老陈是个大胖子，行动不便，可是他从未因为胖而自卑。一次，办公室的同事们趁午休的空当闲聊，说到了"胖"这个话题。性格开朗的老陈对同事们说："你们信不信，其实我是个极具亲和力的男人。当在公交车上让座时，我完全能够让两位老人或三位身材苗条的女士坐下。"老陈的一席话博得在座的同事哈哈大笑，这种轻松愉快的自我调侃表现出他非凡的亲和力。老陈的谈吐给同事们带来了轻松感，使交谈的氛围更加和谐融洽。

其实，适当的调侃不但能在日常社交中起着催化剂的作用，让你获得好人缘，还能帮你获得意想不到的收获呢！

紫欣是个性格挑剔而又感性的女孩，大学毕业后交往过几个男朋友，结果都无疾而终，这令家人和朋友都很不理解。在众人的期盼之下，紫欣终于宣布了自己即将结婚的消息！

结婚那天，紫欣的好多亲友都来了，看着她幸福的样子，好朋友们禁不住问她："你丈夫到底有什么好，能让你义无反顾地选择了他？"因为朋友们都知道，紫欣的丈夫并不是众多追求者中的佼佼者，他既不是最帅的，也不是最有能力的，而紫欣却毅然地接受了他的求婚。紫欣嫣然一笑，说道："其实没有什么特别的，只是和他在一起我觉得很快乐，无论遇到什么情况，他都能用他那恰到好处的幽默来逗我笑！"

原来如此。新郎以幽默的调侃赢得美人的芳心，"侃"到爱人，"侃"出好姻缘。

调侃可以为我们带来正面效应，但我们不要就此认为只要是调侃都会收到理想的效果。适当的调侃的确可以为平淡的生活带来一份美意，一丝涟漪，让生活变得不无聊。但是，调侃千万不能过度，肆无忌惮的调侃会让人觉得自己是在被人取笑，会让人产生误会，更别说获得对方的好感和认可了。

所以，要掌握好调侃的度。调侃要分时间、场合，最重要的是要注意被调侃的对象，说话要分轻重，这样才能避免过度调侃而引发的不快。

将幽默融入意见中

想要向别人表达不满或者其他意见却又不想直接说时，我们可以将幽默融入意见中，这样既不伤人，又能达到预期的目的。

工作和生活中经常会出现有一些让人不能认同的做法，如果理直气壮地说出自己的想法，甚至略带指责的语气，那么对方不仅无法心悦诚服地接受你的意见，还会认为你是个自大狂。此时不妨换个方式提意见，将幽默融入你的意见之中。

当遇到令人不痛快的事情时，利用幽默来表达自己的意见，双方相互一笑，事情也就过去了。

杨小姐是一家餐厅的服务员，时常遭遇客人的刁难。一天，餐厅来了一位喜欢挑剔的女士，点了一份煎鸡蛋，正好是杨小姐接待的。女士对杨小姐说："我要的煎鸡蛋和别人的不一样，蛋白要全熟，但是蛋黄要生的。放少许盐，放少许胡椒粉。最重要的是，鸡蛋一定要是乡下散养的柴母鸡刚刚下的新鲜鸡蛋！"

杨小姐听过她的诸多要求后，气得不行，但是她没有用不满的语气提出意见，而是出乎意料地说："您提出的这些要求我都记下了，但是对于您所要求的那只下蛋的母鸡我还要确认一下，它的名字叫小美，您看合适吗？"

故事中，杨小姐没有直接表达她对这位挑剔女士所提的苛刻要求的不满，而是顺着对方的思路，提出了一个更不符合逻辑的可笑问题来提醒对方：她的要求实在是过分，根本无法满足。

杨小姐所说出的任何一个字都没有伤及对方，这样不但提出了意见，而且也维护了那位女顾客的尊严。试想，在这种情况下，那位挑剔的女士还会因为对母鸡的名字的不满而继续挑剔吗？

婉言曲说成幽默

有些事直接发表自己的见解不太合适，容易让人误解或不愉快，婉言曲说是很好的方法，而且这种婉言曲说不同于修辞格里的委婉修辞方法，它是形成幽默的一种语言艺术。

王麻子是个极爱占小便宜的人，常常在别人家白吃白喝，吃完了上顿等下顿，住了两天住三天。一次，他在一朋友家里吃了三天后，问主人道："今天弄什么好吃的呀？"

主人想了想，说："今天我们弄麻雀肉吃吧！"

"哪来那么多麻雀肉呢？"

主人说："先撒些稻谷在晒场上，趁麻雀来吃时，就用牛拉上石磨一碾，不就得了吗？"

这个爱占便宜的人连连摇手说："这个办法不行，这样还不等石磨过来，麻雀早就飞跑了。"

主人一语双关地说："麻雀是占惯了便宜的，只要有了好吃的，怎么碾（撵）也碾（撵）不走。"

现在我们谈论的"婉言曲说"的幽默法，可以说是"婉曲"的变格，它是说话人故意把所要表达的本意绕个圈子曲折地说出来，利用婉言来获得幽默效果。

克诺先生来到一个陌生的城市，走进一家小旅馆，他想在那儿过夜。

"一个单间带供应早餐要多少钱？"他问旅馆老板。

"不同房间有不同的价格，二楼房间 15 马克一天，三楼房间 12 马克一天，四楼 10 马克，五楼只要 7 马克。"

克诺先生考虑了几分钟，然后提起箱子就走。

"您觉得价格太高了吗?"老板问。

"不，"克诺回答，"是您的房子还不够高。"

一般说来，幽默应避免敌意和冲突，否则，幽默就会被减弱或者消亡。从这个意义上讲，婉言曲说最适合构成幽默。

一个法国出版商想得到著名作家的赞扬，借以抬高自己的身价。他想，要得到他的好感，必须先赞扬赞扬他。

这天，他去拜访一位知名作家。他看到作家的书桌上正摊着一篇评论巴尔扎克小说的文章，便说:"啊，先生，您又在评论巴尔扎克了。的确，多少年来，真正懂得巴尔扎克作品的人太少了，算来算去，也只有两个。"

作家一听就明白了出版商的意图，便让他继续说下去。"这两个人，其中一个是您了。可是还有一个呢? 您说，他应当是谁?"

作家说:"那当然是巴尔扎克自己了。"

出版商顿时像泄了气的气球，悻悻地走了。

出版商想求得知名作家的赞扬，故意登门拜访。作家呢，不好直接拒绝，就来了个婉言曲说。出版商把世间懂巴尔扎克作品的人确定为两个，一个名额，他自然要送给作家了;另一个，他是给自己预备的。但自己说出来，那太没涵养，况且自己认可的东西并不一定能得到作家的赞同，还是启发作家说出来吧。由此，出版商一直沿着自己的设计和思路，准备着一种情感——他期待着作家的赞扬，让作家指出他是懂巴尔扎克作品的人。

作家并不回绝对方的话，因为那太扫人兴了。但是他有意漠视对方的"话外音"，一句答话，让对方的期待栽了个大跟头，作家回答的是，另一个懂巴尔扎克的人是巴尔扎克自己。于是对方没戏唱了，只好散场。

凡有大成就者，向来都是口吐方圆的专家，他们不仅仅专长于自己的一份事业，而且在待人接物上有着独到的迂回之术，他们能够在让人发笑的过程中不知不觉加入自己的观点。

著名的法国钢琴家乌尔蒙，年轻时有一天，他弹奏拉威尔的名曲《悼念公主的孔雀舞曲》，节奏太慢，正在听他弹奏的拉威尔忍不住地对他说："孩子，你要注意，死的是公主，而不是孔雀。"

在这里，拉威尔将公主与孔雀这两种原来互不相干的事物，出人意料地联系起来，使人们产生惊奇，并在笑声中意会到拉威尔话语中的真正含义。

拉威尔对乌尔蒙的演奏"节奏太慢"，并不是采取直接批评的方式，而是采用婉转的暗示："死的是公主，而不是孔雀。"这样，使演奏者首先得回味一下，拉威尔的话到底是什么意思？弄清楚了，便意识到自己处理作品中的失误。应该加快速度，快到什么程度呢？拉威尔的话给了提示，是孔雀舞曲。演奏者的脑海中定会浮现出美丽的孔雀翩翩起舞的英姿。拉威尔的旁敲侧击，使乌尔蒙明白了自己的毛病所在。

一群人围在伦敦白厅前，中间躺着一个小男孩，蜷缩在地，痛苦地呻吟着。原来他吞了一枚 10 英镑的硬币到肚里。围观的人眼看孩子痛得不行了，都急得不知如何处置。这时，从人群中走出一位先生，他走到小孩身边，抓住小孩的腿，把他倒提起来，猛力地摇晃了几下，忽然听到"呼"的一声，那枚硬币从小孩子的嘴里喷了出来。围观的人舒了一口气。

一位旁观者问那位先生："你是医生吗？"

"不！"那人回答，"我在税务局工作，乞丐见到我都逃。"

此幽默令人喷饭，把税务局抠钱的本领夸张得无以复加。

幽默是一种高超的语言艺术，这种艺术是在婉言曲说中产生的。

说话直愣的人不可能创造出幽默来。按部就班，一是一,二是二,实说实，虚说虚，没有任何的发挥就不可能碰撞出幽默的火花。

拿自己开玩笑

犯了错误或者身陷尴尬境地时，不妨自我嘲笑一下，你的失误将随着笑声消减，而你也在他人的心中留下了豁达可爱的形象。

如果你有风趣的思想，轻松地面对自己，你便会发现自己可以原原本本地接受自己的身高、体重或其他身体特征；你也会发现幽默能帮你以新的眼光去看你对经济的忧虑。也许你无法得到真诚的爱，但是你能使你的人际关系充满温暖和谐——与人分享欢乐，甚至和仅仅有一面之缘的人也会有很好的关系。

自嘲是自己对自己幽默，是消除自己在沟通中胆怯的良方。

自嘲是运用戏谑的语言，向别人暴露自身的缺点、缺陷与不幸，说得俗一些，就是把脸上的灰指给对方看。

自嘲同样是这个道理，有着独到的表达功能以及实用价值。

正如人们喜欢谈论一些关于别人的笑话一样，在适当的时候，也要拿自己开开玩笑，要善于自嘲。

美国著名的律师乔特是最善于讲关于自己笑话的人。有一次，哥伦比亚大学的校长蒲特勒在请他做演讲时，曾极力称赞他，说他是"我们的第一国民"。

这实在是一个卖弄自己的绝好机会。他可以自傲地站起来，一副得意扬扬的神气，仿佛是要对听众说："你们看，'第一国民'要对你们演讲了。"

但是聪明的乔特并没有如此。他似乎对这种称赞充耳不闻，却转而调侃自己的"无知"。这种自嘲很快博得了听众的好感。

他说："你们的校长刚才偶然说了一个词，我有点儿听不太懂。他说什么'第一国民'，我想他一定是指莎士比亚戏剧里的什么国民。我想，你们的校长一定是个莎士比亚专家，研究莎士比亚很有心得，当时他一定是想到莎士比亚了。诸位都知道，在莎氏的许多戏剧中，'国民'不过是舞台的装饰品，如第一国民、第二国民、第三国民等等。每个国民都很少说话，就是说那一点点话，也说得不太好。他们彼此都差不多，就是把各个国民的号数彼此调换，别人也根本看不出有什么分别的。"

这实在是一种非常聪明的方法，它使自己与听众居于同等的地位，拉近了自己与听众的距离。他不想停留在蒲特勒所抬举的那种高高在上的地位上。如果他换一种说法，用庄重一点儿的言辞，比如，"你们校长称我为第一国民，他的意思不过是说我是舞台上的一个无用的装饰品而已"。虽然表达的意思是一样的，但是绝对不能把那种礼节性的赞词变为一种轻松的笑话，也绝对不会取得那样的效果。

无论是在一帮很好的朋友中，还是在一大群听众中，能够想出一些关于自己的笑话，能够适当地自嘲，是赢得别人尊敬与理解的重要方法，远远要比开别人玩笑重要得多。拿自己开开玩笑，可以使我们对世事抱有一种健全的态度，因为如果我们能与别人平等地相待，就可以为自己赢得不少的朋友。相反，如果我们为显示自己是怎样的聪明，而拿别人开玩笑，以牺牲别人来抬高自己，那我们一生一世也难以交到一个朋友，更不用说距离成功有多遥远了。

成功的人士从不试图掩饰自己的弱点，相反，有时他们会拿自己的弱点开开玩笑。而现实生活中，我们却经常可以遇到一些专喜欢遮掩自己弱点的人，他们也许脸上有些缺陷，也许所受教育太少，也许举止粗鲁，他们总要想出方法来掩饰，不让别人知道。但这样做以后，他们却于无形中背弃了诚恳的态度，毫无疑问，与之交往的朋友会对他们形成一种不诚恳的印象，使人们不敢再与他交往。

世界上最不幸的就是那些既缺乏机智又不诚恳的人。很多人常常自以为很幽默，经常喜欢拿别人开玩笑，处处表现出小聪明，结果弄得与他交往的人不敢再信任他，以前的朋友也会对他敬而远之，纷纷躲避。

适当地拿自己开开玩笑吧，这不仅是一种机智，更是驱散忧虑、走向成功的法宝。

用幽默巧解纠纷

幽默而风趣的语言能使当事人体会到说话之人的温和及善意，拉近人与人之间的距离，进而化解纠纷。

人与人之间发生争吵在所难免，一旦有了纷争，即使认为自己在理，也应避免过分地数落、指责别人。这时，最好的方式是用调侃、幽默的语言，轻松浇灭对方的怒气，化解纠纷。

妻子虚荣心很重，当夫妻商量出席友人的婚礼时，她缠着丈夫要买一种昂贵的花帽。此时家里正闹经济危机，丈夫自然不答应花这笔钱。争吵中妻子赌气地说："你看人家小金的爱人多大方，早就给自己的夫人买了这种花帽，哪像你，小气鬼！"

丈夫不愿争论，只是故意夸张地说："可是，她有你这样漂亮吗？我敢说，她要是也有你这么美，根本就不用买帽子装饰了，你说是吗？"妻子一听笑了，一场争吵也随之止息了。

善用幽默而风趣的语言，往往可以化解纠纷。面对剑拔弩张、针锋相对的当事人，自然得体的风趣言语，往往能调节紧张气氛，避免矛盾激化。

一对中年夫妇婚后近十年双方关系一直不错。但最近在社交应酬问题上，两人发生了矛盾，谁也说服不了谁，面临着离婚的危机。在领导和亲朋好友的劝导和说服下，两人终于心平气和地坐下来相互"交心"，但谁也不愿公开认错，最后还是男方终于先开了口，说："我们是在斗争中求团结、求生存、求发展的。今天，能进入这样一个和平民主、共同协商的新阶段，是我们双方努力的结果，是大家积极促成的结果，它实在来之不易啊！"女方就势接过话头说："是啊！正因为它来之不易，所以我们要倍加珍惜今天这个安定团结的大好局面！"夫妻两人就这样在亦庄亦谐、妙趣横生的对话中言归于好了。

采用幽默的方式把话说出来，能够缓和当事人心中的不满和现场剑拔弩张的紧张气氛，使其较容易接受幽默的劝解，大事化小，小事化了，矛盾纠纷便可以迎刃而解了。

巧妙类比，言在彼而意在此

人们为了各自的利益难免会陷入紧张或对立的状态。此时若用轻松的方式去解决，就可以巧妙地化解矛盾，比如用类比的方法。

在战国时期，齐国有个出身卑微的人叫淳于髡。他虽然身材矮小但口才很好，尤其善于讲笑话，使听者在笑声中受到启发。于是齐威王派他做齐国的使臣，出使各国。由于他有一副雄辩的口才，因而每次都能非常出色地完成使命，深得齐威王的器重。

一次，楚国发兵进攻齐国，齐威王派遣淳于髡带着黄金百斤、驷车十乘的礼物，前往赵国求救兵。淳于髡接到命令之后，放声大笑，直笑得前仰后合，浑身颤动，连帽子缨带都迸断了。齐威王问他道："先生是不是嫌我送给赵王的礼物太轻了？"

淳于髡回答说："不敢，我怎么敢呢？"

齐威王又问："那么，你为何这样大笑呢？"

淳于髡答道："不久前，我从东面来，看见路上有一个人正在向土地神祈祷。他拿着一只猪蹄，捧着一杯酒，嘴里念念有词：'高地上粮食满筐，低地上收获满车，五谷丰登，全家富足。'我看见他奉献给土地神的少，而向神索取的多，所以觉得好笑。"

齐威王听到此处明白了，淳于髡是在用隐语来劝谏自己增加礼物，于是决定把礼品增加到黄金一千斤、白璧十对、驷车一百乘。

淳于髡带着礼物前往赵国，说动了赵王。回国后齐威王便置办宴席庆贺，见淳于髡颇有酒量，就问他："先生最多能饮多少酒才会醉呢？"

淳于髡回答说："我饮一杯酒也会醉，饮一石酒也会醉。"

齐威王很惊奇，问他说："先生既然饮一杯酒就醉了，怎么还能饮一石酒呢？其中的道理可以说给我听吗？"

淳于髡说："如果在大王面前饮您所赐之酒，执事官吏在旁边看着，御史在后边监督，我心情恐惧，伏地而饮，这样的话，不过一杯就醉了。如果父母在家中接待贵客，我卷起袖子，陪侍于前，不时捧杯敬酒，恭敬陪侍，这样的话，不过两杯就醉了。如果朋友间一起游乐，由于很久没有见面，现在突然相逢，便互诉衷情，这样的话，大约饮五六杯才会醉。如果乡里相聚，男妇混杂在一起，细斟浅酌，一边饮酒，一边下棋、投壶，做各种游戏，随便与女郎握手也不受处罚，目不转睛地注视她也没有顾忌，前面掉有妇女的饰物，后面有姑娘遗落的发簪，我心中一高兴的话，便可饮八九杯。如果日暮酒残，将残席合并在一起，男女同席，促膝挨肩而坐，靴鞋交错，杯盘狼藉，一会儿堂上蜡烛尽熄，主人送走客人而独独把我留下，她敞开了罗袄的衣襟，我隐隐闻到一阵微香，当此之时，我心中最快乐，就能喝到一石。所以常言说'酒极则乱，乐极则悲'，一切的事情都是这样的。"

齐威王听了淳于髡这一番话语，明白了淳于髡是用幽默的隐语进行讽谏，从此不再作长夜之饮。

在一次新闻界的餐会上，美国总统艾森豪威尔应大家的要求站起来讲话。

他说："大家都知道，我不是善于言辞的人。小时候我曾经去拜访过一个农夫，我问这个农夫：'你的母牛是不是纯种的？'他说不知道。我又问：'这头牛每个星期可以挤出多少牛奶呢？'他也说不知道。最后，他被问烦了就说：'你问的我都不知道，反正这头牛很老实，只要有奶，它都会给你。'"

艾森豪威尔笑了笑，对所有在场的新闻界人士说："我也像那头牛一样老实，反正有新闻，一定都会给大家。"

说话兜圈子，绕道而行；用比喻、影射的方法举例说明；说故事，讲寓言，用幽默及双关语开开玩笑；采用游击战术，不正面冲突；拖延时间，爱理不理，静观其变……这些都叫迂回策略。

用不经意的话暗示

在日常交际中，当需要批评或提醒他人而又不便直接向他提出时，便可考虑使用侧面暗示法，从而达到启示、提醒、劝阻、教育他人的目的。

会说话的人知道哪些话可以说，哪些话不可以说。他们懂得用委婉含蓄的话语，不经意地暗示别人，在坚持自己原则的同时又不会令对方太过难堪。

有一次，小王家里来了客人，聊了几个小时后，这位客人还无意离去。

小王因还有其他事情要做，屡次暗示客人，但是那位客人却"执迷不悟"。小王无奈之中心生一计，对他说："我家的菊花开得正旺，我们到园子里去看看？"

客人欣然而起，于是小王陪他到花园里观赏菊花。看完后，小王趁机说："还去坐坐吗？"

客人看看天色，恍然大悟地说："不了，不了，我该回家了，要不就错过末班车了。"

小王没有直接说明自己有其他事情要做而是用不经意的话暗示对方，不仅没有让对方感到尴尬，而且也达到了自己的目的。

一天，几位青年人去拜访某教授。不知不觉已谈到深夜，教授接着其中一位青年人的话题说："你提的这个问题很值得研究，明天我去A城参加一个学术会，准备就这个问题找几位专家一块聊聊。"听完教授的话，几位青年立刻起身告辞："很抱歉，不知道您明天还要出差，耽误您休息了。"

如果遇上了一位不知情的客人，你让他走也不是，不走也不是，这可是件很让人尴尬的事情。这时，你不妨采取一些巧妙的暗示。诸如看看钟表，或者随意地问他忙否，然后再告诉他你最近都很忙。一般地，稍微敏感点儿的客人肯定就会起身告辞，但若是"执迷不悟"的客人于此"无动于衷"，我们就可以巧妙地转移一下地点，像小王那样用一下"调虎离山"之计，这样既维护了彼此的情感，又不至于拖延自己的事情，可谓两全其美。

在日常交际中，当需要批评或提醒他人而又不便直接向他提出时，便可考虑使用侧面暗示法，从而达到启示、提醒、劝阻、教育他人的目的。

在一家高级餐馆里，有一位顾客把餐巾系在脖子上，餐馆经理对此很反感。于是，他叫来了一个女服务员说："你要让这位绅士懂得，在我们的餐馆里，那样做是不允许的，但话要说得尽量委婉些。"女服务员来到那位顾客的桌旁，很有礼貌地问："先生，您是刮胡子，还是理发？"话音一落，顾客立即意识到自己的失礼，赶快取下了餐巾。

这位聪明的女服务员没有直接指出客人有失体统之处，却拐弯抹角地问两件与餐馆毫不相干的事——刮胡子和理发，表面上看来似乎是女服务员问错了，而实际上她通过这种风马牛不相及的事情来提醒这位顾客，既使顾客意识到自己失礼之处，又做到了礼貌待客，不伤害顾客的面子。

侧击迂回，举重若轻显真功夫

迂回就是一种拖延战术，目的是要争取更多的时间促进沟通的进行。如果沟通不畅，可以考虑用迂回的方式寻求外界支援或是跳离原来的沟通模式，以特殊方法突破沟通障碍，让沟通顺畅。

说话迂回虽然给人啰唆的感觉，但是它能更好地突破沟通障碍，让沟通顺畅。

一次，德皇威廉二世派人将一艘军舰的设计图交给一个造船界的权威人士，请他评估一下。他在所附的信件上告诉对方，这是他花了许多年，耗费了许多精力才研究出来的成果，希望对方能仔细鉴定一下。

几个星期之后，威廉二世接到了权威人士的报告。这份报告附有一叠以数字推论出来的详细分析，文字报告是这么写的：

"陛下，非常高兴能见到一幅绝妙的军舰设计图，能为它作评估是在下莫大的荣幸。可以看得出来这艘军舰威武壮观、性能超强，可说是全世界绝无仅有的海上雄狮。它的武器配备可说是举世无双，舰内设施豪华。这艘举世无双的超级军舰只有一个缺点，那就是如果一下水，马上就会像只铅铸的鸭子一样沉入水底。"

威廉二世看到了这个报告，不但没为设计失败而气恼，反而禁不住笑了起来。

说话高手并不是指那些会说好听的话、使用华丽辞藻的人，而是善于运用迂回婉转说话技巧之人。

防止"弦外之音"伤人

弦外之音有时可以在不经意间起到暗示别人的作用，但有时也会在不经意间伤害别人。

我们常常夸奖别人说话含义丰富、深刻，有"言外之意""弦外之音"。

一般地说，我们说话要求简单明了，不要烦琐含糊。同时，还应该知道，有时候把话说得太直白会伤人，不如在话语中隐藏弦外之音。然而，有些人并不懂得如何运用弦外之音，从而在不经意间伤了他人。

一群人在看电视剧，剧中有婆媳争吵的镜头。张大嫂便随口议论道："我看，现在的儿媳真是不知好歹，不愿意和老人住在一起，也不想想以后自己老了怎么办？"话未说完，旁边的小齐马上站了起来，怒声说："你说话干净点儿，不要找不自在，我最讨厌别人指桑骂槐！"

原来，小齐平素与婆婆关系失和，最近刚从家里搬出自己住。张大嫂由于不了解情况，无意中揭了对方的短而得罪了小齐。

聪明的人善于把批评的意思压缩在一句貌似赞扬的话里，让人在体味"言外之意"的同时，意识到自己的错误。

某厂有一栋宿舍，一楼住着老工人，二楼住着年轻工人。一天夜晚，一些年轻工人喝酒猜拳，大吵大闹，到了凌晨1点还不罢休，影响了楼下老工人的休息。

一位老工人气愤地走上楼去，大声斥责说："安静！"

可这些年轻人连理也不理，吵闹得更凶了。

过了一会儿，另一位老工人也走了上去，笑着对他们说："小伙子们，你们辛苦了，该休息了。"

听了这位老工人的话，这伙年轻人很快静了下来。

这两句话表达的意思是一样的，但表现形式不一样导致结果迥然不同。我们分析一下：第一位老工人的话语直接，火药味儿十足，它让听者产生了逆反心理，所以，闹腾得更欢了。

第二位老工人则不同，他运用了隐含判断，话语中隐含着对这些年轻人"闹得太久，影响了他人休息"的批评，但话说得委婉含蓄。这些年轻人因第一位老工人的话而激起的反抗心理此时被击溃了，心悦诚服地改正了自己的错误。

不管什么人，都不喜欢别人说自己的坏话。因此，当他听到对方说自己坏话时，就会不高兴、生气，甚至想找机会报复。

因此，有些想说人家的坏话的人，就选择了说"弦外之音"。

说话的目的在于交流思想和感情，但万不能用"弦外之音"去伤害别人。有些人说话含蓄，爱卖弄，如果对方听懂了倒没关系，若是没听懂甚至听错了，不但起不到交流的目的，反而可能引起误会。

说话要隐晦些

直言直语固然好，但说话还是要隐晦一些。什么话该摊开来说，什么话该隐晦地说，我们要做到心中有数。

在表达一些意愿和请求时，如果能够合理地把握说话时的分寸，暗藏在话语背后的真意一样可以传达给对方。

1. 以退为进，让人主动接受

暑假时，某高校决定组织青年志愿者到孤儿院献爱心。

班主任向所有志愿者提出一项要求："希望每位成员能带一名孤儿到自己家中共同过暑假，让他们感受家庭的温暖。"把好不容易盼来的假期全部花在照料孤儿上，这的确有些勉为其难，当时，就遭到了大家无声的拒绝。

短暂的冷场后，班主任微微一笑，说："我知道这样可能使大家为难了。这样吧，我尊重大家的选择，把原计划改为每周抽出一天时间陪孩子一起逛逛公园、做做游戏，这样总可以了吧?"这一提议获得了大家的一致通过。

其实，这只不过是班主任的一个策略而已。他的真实用意实际上就是希望志愿者每周能抽出一天时间陪陪孤儿，不过他明白，在暑假里即使这样一个请求，实践起来也是有一定难度的。于是在提出这样一个请求前，他干脆提出了一个更大的请求——让他们整个暑假照料孤儿，这一请求不出所料地遭到大家的拒绝。只不过，在已经拒绝一次的情况下，再提出一个请求，大家也就不好意思再拒绝了。而且两次请求相劝衡，大家自然会选择后者。

2. 满足需要，让人自动回避

19世纪，在维也纳上层社会的妇女中，时兴一种高筒、宽檐的帽子，帽檐上装饰着五颜六色的羽翎。当这些女士进入剧场时，坐在她们后面的观众就只能看到她们的帽子而看不见舞台，于是不少观众向剧场经理提出抗议。

剧场经理起初只是一味地请求女士们脱帽，但女士们谁也不理睬。后来，经理眉头一皱，计上心来，对女士们说："本剧场照顾年老的女士，只有她们可以不脱帽。"此言一出，剧场中所有的女士都摘下了帽子。

上面这个故事中，剧场经理抓住女士们都希望自己年轻貌美的心理需求而说出的话，让女士们乖乖地摘下帽子。因为剧场经理激起了她们希望自己年轻的心理需求。

以退为进，满足需求都是为了使隐晦的语言能够更好地发挥效用，因此，我们在说话时完全可以借助上面的表达方式，该明说的话要明说，不适宜明说的话要用隐晦的方式说出来。

善用闲谈，化解尴尬境地

生活中难免会碰上尴尬的事情。这个时候，我们完全可以随机应变，巧妙地说一下闲话，使气氛得到缓和。

面对尴尬的窘境，如果置之不理，会有损自己的尊严；如果斤斤计较，又会有损自己的风度；如果无所适从，会有损自己的形象；如果处理不当，又会激化矛盾。可是，若你懂得用巧言妙语回答，不但能够很好地化解尴尬，而且会使气氛变得温馨。那么，化解尴尬的方法都有哪些呢？

1. 自嘲式化解

自嘲，顾名思义，就是自我嘲解，调侃自己。自嘲是一种幽默，一种智慧。处理好复杂的人际关系可不是件容易的事，一旦陷入尴尬境地，不妨自我嘲解一下，既给自己找个台阶下，又能巧妙地缓和气氛。

某著名诗人应邀到某大学中文系作家班做学术讲座。诗人讲到自己的诗作时，准备朗诵一段，可诗稿却放在一个学员的课桌上，诗人便走下讲台去拿。但诗人在上台阶时，一不留神跌倒在第二级台阶上，学员们顿时哄堂大笑。诗人稳住身子，转向学员，指着台阶说："你们看，要升一个台阶多么不易，生活是这样，作诗亦如此。"这一哲理性的话语顿时赢得了热烈的掌声。诗人笑了笑，接着说："一次不成功不要紧，再努力!"说着，装着用力的样子走上讲台，继续他的讲座。

2. 反话式化解

林肯是一个富有幽默感的总统。有一次，林肯自己在擦皮靴，某外交官问道："总统先生，您总是擦自己的靴子吗?"林肯不动声色地回答说："是啊，那你是经常擦谁的靴子呢?"

林肯的高明在于他巧妙地绕开对方所提出的一个判断性问题，进而找出破绽，给对方回敬了一个特指性的反话。

3. 自圆式化解

一位主持人在主持一次知识问答类节目时，问道："国外公园里常常有武士模样的人摇着铃铛走东串西，请问这人是干什么的?"

参赛者的回答各种各样，可结果都是错的。最后主持人告诉大家谜底："是卖茶水的人。"此时主持人见参赛者情绪有些低落，赶快补上一句："看来这地方的水真是太宝贵了，卖茶水的人也穿戴得这么漂亮，把我们都迷惑了。"

这句话看来很平常，可句中的"我们"拉近了双方的距离，化解了参赛者由于回答错误带来的尴尬。

面对尴尬时，如果我们能够巧妙地说一些闲话，不仅可以化解尴尬的境地，还可以转移对方的注意力。因此，面对尴尬的局面时，幽默地说一些闲话是非常必要的。

淡化感情色彩，间接地表达你的不满

旁敲侧击，比喻说话、写文章不从正面直接点明，而是从侧面曲折地表明观点或加以讽刺、抨击。

在公众活动中，可能经常遇到让人尴尬而不满的情景。在这种情景下是不该强硬地表达不满的，而应该淡化感情色彩。

英国首相前丘吉尔在他执政的最后一年，出席一个政府举办的仪式，在他身后不远的地方有几个绅士窃窃私语："你看，那不是丘吉尔吗?""人家说他现在已经开始老朽了。""还有人说他就要下台了，要把他的位子让给精力更充沛，更有能力的人了。"当这个仪式结束的时候，丘吉尔转过头来，对这几个绅士煞有介事地说："唉! 先生们，我还听说他的耳朵近来也不好用了。"

丘吉尔知道，自尊自爱就要以适当的方式来表达自己的思想感情，他在这里的幽默一语，既淡化了感情色彩，给自己解了围，表达了不满，又使那些绅士自讨没趣。

美国前总统威尔逊在一次竞选演讲中，遭到一个捣乱分子的挑衅。演讲正在进行，捣乱分子突然高声喊叫："狗屁! 垃圾! 臭大粪!"这个人的意思很明显，是骂威尔逊的演讲臭不可闻，不值得一听。威尔逊对此感到非常生气，但只是报以微微一笑，安慰他说："这位先生，我马上就要谈到你提出的环境脏乱差的问题了。"随之,听众中爆发出掌声、笑声,为威尔逊的机智幽默喝彩。

社交场合碰到别人的不恭言行,还真不能发作,但憋在心里也不好受。海明威曾说过:"告诉他你不高兴,但在话中别出现'不高兴'这个词。"把表示不满的语言的感情色彩淡化一下,让对方知道你不高兴,又不致破坏友好气氛,是个不错的方式。

说得巧,逐客令也能变得美妙动听

古人云:"有朋自远方来,不亦乐乎。"友人来访,彼此促膝长谈,交流思想,应该是令人十分愉快的事。

但现实生活中也有与此截然相反的情况。茶余饭后,你刚想静下心来读点儿书或者做点儿事,不料不请自来的长舌客扰得你心烦意乱。他东家长西家短,没完没了,一再重复着你毫无兴趣的话题,而且越说越来劲儿。你勉强敷衍,心不在焉,焦急万分,想对他下逐客令,但又怕伤感情,难以启齿。那么,该怎样对付长舌客呢?最好的对付办法是运用高超的语言技巧把逐客令说得美妙动听,这样你就能两全其美:既不挫伤其自尊心,又能使其适地告别知趣起。

下逐客令时,主人必须掌握两条原则。

有情。长舌客一般是邻居、亲戚、同学、同事,主客之间相当熟悉,切忌用冷冰冰的表情和尖刻刺耳的语言刺伤对方,一定要使对方感觉到主人对他还是很有情谊的。有情,才能使逐客令真正变得美妙动听。

有效。要使长舌客听了你得体的话语后明显减少来你家的次数,缩短闲扯的时间,这样,主人的语言技巧便真正起到了逐客的作用。

第七章

拒绝那些很低级的回应方式

——别再说那些情商低的话了

不要在别人面前喋喋不休

嘴巴能安慰一个人，也能伤害一个人。当你管不住嘴巴，没完没了地自说自话时，你就如同一只苍蝇一样，令倾听者感到厌烦，你将很难给人留下好印象。

一百多年前，美国著名的罗克岛铁路公司打算修建一座大桥，把罗克岛和达文波特两个城市连接起来。当时，轮船是运输小麦、熏肉和其他物资的重要工具。所以，轮船公司把水运权当成上帝赐予他们的特权。一旦铁路桥修建成功，自然也就断了他们的财路。因此轮船公司竭力对修桥提案进行阻挠。于是，美国运输史上最著名的一个案子开庭了。

时任轮船公司辩护律师的韦德，是当时美国法律界很有名的铁嘴。法庭辩论的最后一天，听众云集。韦德站在那儿滔滔不绝，足足讲了两个小时。

等到罗克岛铁路公司的律师发言时，听众已经显得非常不耐烦了。这正是韦德的计谋，他想借此击败对手。然而，令韦德意外的是那位律师只说了一分钟——不可思议的一分钟，这个案子就此闻名。

只见那位律师站起身来平静地说："首先，我对控方律师的滔滔雄辩表示钦佩。然而，陆地运输远比水上运输重要，这是任何人都改变不了的事实。陪审团，你们要裁决的唯一问题是，对于未来的发展而言，陆地运输和水上运输哪一个更重要？"片刻之后，陪审团做出裁决，建桥方获胜。那位律师高高瘦瘦，衣着简朴，他的名字叫作亚伯拉罕·林肯。

韦德之所以用两个小时滔滔不绝地说，既是为了炫耀他的口才，也是存心在拖延时间，好让林肯在发言的时候让听众感到厌烦。但是他不仅错估了听众厌烦的剧烈程度，而且也低估了对手林肯的机智反应。这样一来，相比较林肯的言简意赅，韦德的慷慨陈词不但没能加深陪审团的印象，反而越发显得惹人生厌。

如何以最简单的语言表达最清楚的意思，是说话的一个难题。在推销中这方面也显得尤为突出。当一个素不相识的推销员向你推销时，你一般都不会轻易接受，如果他喋喋不休，则更加令人难以忍受，所以言简意赅是谈话时需要特别注意的原则。

著名保险推销员克里蒙·斯通说："起初，我一直试着向每一个人推销。我赖在每一个人面前不走，直到把对方烦得累垮。而我在离开他之后，也是筋疲力尽。"很显然，这样做的效果对于推销业绩无所助益。

后来，克里蒙·斯通决定："并不一定要向每一个我拜访的人推销保险。如果推销的时间超过预定的长度，我就要转移目标。为了使别人快乐，我会很快地离开，即使我知道如果再磨下去他很可能会买我的保险。"

谁知这样做竟然产生了奇妙的效果，克里蒙·斯通的订单竟然与日俱增。因为有些人本来以为他会磨下去的，但当他愉快地离开他们之后，他们反而会来找他，并且说："你不能这样对待我。每一个推销员都会赖着不走，而你居然不再跟我说话就走了。你回来给我填一份保险单。"

任何人都不喜欢别人喋喋不休地向自己宣传，也不希望对方夸夸其谈，毫不在意自己的感受。很多时候，你在发表自己的言论时，其实决定权在对方的手中，因为他是受众，当他肯定了你的言论，你说的话才是有效可行的。所以如果你经常啰唆不已，就要记得提醒自己不要去浪费别人的时间。

切忌粗俗无礼，不知所谓

现代人有句话：有"礼"走遍天下，无"礼"寸步难行。礼，是指礼貌。人们办事免不了以"礼"感谢，而这也必须要遵守礼貌的原则。一个人说话的态度，可以凸显其教育基础和风度。如果一个人谈吐有礼，自然说明他受到了良好的教育，所显现的气质也备显高雅，在与人交谈时，倾听者才会对有礼者肃然起敬。

然而，现实生活中有很多人在说话时都不注重礼仪，要么张口闭口不离脏字，要么提问、回答毫不客气，要么反驳别人时大声叫嚷，显得非常没有教养。

过去，有个年轻人骑马赶路，见路边有一位老汉，他便在马上高声喊道："喂！老头儿，离客店还有多远？"老汉回答："五里！"年轻人策马飞奔，急忙赶路去了。结果一口气跑了十多里，仍不见人烟。他暗想，这老头儿真可恶，说谎话骗人。他一边想着，一边自言自语："五里，五里，什么五里！"猛然，他醒悟过来了，这"五里"不正是"无礼"的谐音吗？于是掉转马头往回赶。见到那位老人，他急忙翻身下马，亲热的叫声"老大爷"，话没说完，老人便说："你已经把客店错过了，前方路程尚远，若不嫌弃，可到我家一住。"

这是一则流传很广的故事，它告诉人们在人际交往过程中讲究礼貌的重要性。"人而无礼，不知其可"，粗俗的言行与得体的礼貌将产生截然相反的效果。

和别人打交道，总是以称呼开头，它好像是一个见面礼，又好像是进入交往大门的通行证。称呼得体，可使对方感到亲切，交往便有了基础；称呼不得体，往往会引起对方的不快甚至愠怒，双方会陷入尴尬境地，致使交往受阻甚至中断。

普通谈话中应注意的细节也与上述案例所体现的细节一样。例如，朋友交谈、出席宴会、参加面试等种种情况，尽管你可能讷于言语，但是如果每一次开口，你都能用正确、合适和礼貌的言语回答别人或参与讨论，那么相信你的魅力会渐渐地浮现在周围人的眼前，令他们对你刮目相看。

控制音量语速，避免无章法问答

谁也不能否认，说话是一门高深的艺术，一段话出自演讲家的口中和出自一个没有文化的人口中，对受众所产生的效果绝对是不一样的。因为演讲家懂得用最适当的语速、最优美的声调、最清晰的语音来吸引听众。

一个真正会说话的人，不仅要把自己的言辞修饰好，其表达方式也是经过锤炼的。大凡能够吸引人的对话或演讲，通常都是充斥着智慧和活力的，这出于说话者很好的表达能力。所以，如果你的声音足够优美且富有活力，可以使人对你产生极美好的幻觉，它能在你疲倦时让别人感到你仍然"精力旺盛"，能在你70多岁时让人觉得你仍然"年轻"。

声音的质感是天生的，即使先天的条件使你无法拥有优美的声音，但你也一定要学会如何让语言抑扬顿挫。好的断句会让一句话产生奇妙的感觉。

声音优美、停顿有力并不够，我们还要把握好说话时的音量。什么情况该用多大的声音说话，吐字清不清晰，这也都决定了我们的语言是否能够感染别人。

中国有句俗话：有理不在声高。如果你天生就是大嗓门，那就只有尽量降低自己的音量，每个人的耳朵都有一定的承受能力，并不是人人都想听你在一旁打雷。倘若你是因为气愤而大声怒吼，那么生气也是于事无补，对方也未必惧怕你；如果你很有礼貌地说话，反而会使对方感到自己有失风度。

说话就是这样一种有趣且难以掌握的艺术，如果你能够尽数掌握这些本领，相信什么难以开口的语言，在你的口中都会变成一篇优美的文章。

言行一致，说话不要口是心非

做人就要做个真诚的人，要言行一致，待人要诚实，不要两面三刀。

今天，人们有一种普遍的心理：不信任。造成这种心理的原因之一大概是生活中"口是心非"的人太多了。口是心非，毫无疑问，就是表面上说得天花乱坠，而内心则全非如此；嘴里说着对你的赞誉之词，而内心则是恶毒的诅咒……试想一下，如果长期生活在这些人当中，吃过几次亏之后，不论是谁都会增强戒备之心，对他的话打上几个问号。但是，如果每个人都变成了这样，都像戴着一副面具与人交往，生活还有什么意思呢？人与人之间的真诚、友爱都到哪里去找呢？所以，我们要努力去扭转这个局面，要学会真诚，切不可做个口是心非的人。

口是心非的人最善于钩心斗角，他每天都在考虑如何表面上应付别人，行动上又如何去算计别人。与这种人为伍是非常危险的。因为你不知道他心里到底是什么想法。在文学史上，《伪君子》中的答尔丢夫就是口是心非的最典型代表，他已成为"伪善、故作虔诚的奸徒"的代名词。他表面上是上帝的使者、虔诚的教徒，而实际上则是个色鬼，是个贪财者；他表面上对奥尔贡一家恭维，而实际上则用最卑鄙的手段去谋害这一家人。可以说他是个表面上好话说尽，实际上则是坏事做绝的最无耻、最卑鄙的小人。但是他最终的结局呢？他的这一套无耻的手段终于被人识破了，西洋镜最终被人揭穿，答尔丢夫成了万人唾弃的小人。他整天苦心于算计别人，最终倒把自己推进了万丈深渊。

口是心非与虚伪可以说是等同语。因为口是心非的人为了掩饰自己内心的想法，必然要用谎言去应付别人。谎言说多了，被别人识破了，他也就成了一个虚伪的人。一旦在别人的心目中是个虚伪的人，那你的生活将是很痛苦的，到处是不信任的眼光，到处是不信任的口吻，那滋味会是非常难受的。

总的来说，做伪事说谎话、口是心非大概出于以下几种目的：其一是为了迷惑对手，使对方对自己不加防备，以便达到自己的目的；其二是为了给自己留一条退路，这也是为了保全自己，以便再战；其三，则是以谎言为诱饵，探悉对手的意图，这种人是最危险的。西班牙人有一句成语：说一个假的意向，以便了解一个真情。也许，这些目的有的可能不能算作太恶。但作为口是心非者，他需要随时提防被揭露，就像一只伪装成人的猴子一样，他要时刻防备被人抓住尾巴；口是心非者也最容易失去合作者，因为他对别人不信任、不真诚，别人也就以其人之道还治其人之身；在梦想成功的时候他却离成功越来越远。

因此，做人就要做个真诚的人，要言行一致，待人要诚实，不要两面三刀。林肯讲过："你能在所有的时候欺骗某些人，也能在某些时候欺骗所有的人，但你不能在所有的时候欺骗所有的人。"千万不要做一个口是心非的小人，在工于心计、算计别人中度过一生，而要坦诚地做人，用一颗真诚的心去对待别人，这样你说的话，你做的事才能被人信任，才会有分量。

别人的短处不要随意谈论

如果别人向我们谈起某人的短处的时候，我们也应该是听了便罢，不要深信这种传言，不必将此记在心中，更不可做传声筒。

金无足赤，人无完人；凡人皆有其长处，亦必有其短处。怎样在交谈中正确对待别人的短处，这也是一门学问。

人有短处是一点儿也不值得奇怪的。有的人也许是因为长久以来形成一种固有的生活方式，而其他人大都对此看不惯，这便成了他的"短处"；有的人也许在自己的生活与处事中的确有些微小的毛病，但这些毛病对他的整个对外交往是无足轻重的；有的人也许不是出于主观的原因而出现一些较严重的缺点，但他自己却全然无知；如此等等，不一而足。对待他人的短处，不同的人则用不同方法。有的人在与他人的谈话中，尽量多谈及对方的长处，极力避免谈及对方的短处；也有的人专好无事生非，兴波助澜有声有色地编撰别人的短处，逢人便夸大其词地谈论别人的短处；有的人虽无专说别人短处的嗜好，但平时却对此不加注意，偶尔也不小心谈到别人的短处。

用不同的方式对待别人的短处，所产生的效果也是截然不同的。避免谈及他人的短处，容易与他人建立起感情，形成融洽的交谈气氛；好谈他人短处的人，最易刺伤他人的自尊心，打击人家某方面的积极性，还会引起他人的讨厌；不小心谈别人短处的人，虽无意刺伤他人，但很难想象人家怎样理解你的用意和对你所作出的反应，一般来说容易引起别人的误解与不满。由此可见，我们在与他人的交谈中，应该尽量避免谈论别人的短处。

如果别人向我们谈起某人的短处的时候，我们也应该是听了便罢，不要深信这种传言，不必将此记在心中，更不可做传声筒，而且还要提醒谈论别人的短处的人是否对所谈的事情有所调查、确有把握。

人群相聚，都不免要找个话题闲聊。天上的星河，地上的花草；眼前的建筑，身后的山水；昨日的消息，今天的新闻，都是绝好的谈话内容。何必说东家长西家短，无事生非地议论人家的短处呢？作为一个有修养的人，一定要远离说人家短处的不道德的行为。

当心，说话无礼招人烦

如果说话的人滔滔不绝而你又毫无兴趣，觉得不值得花费时间和精力去忍耐，就应该巧妙地停止他乏味的谈话，但千万注意，不可伤害对方的自尊心。

有些人喜欢翻来覆去地述说一件已经说过几次的事情，也有些人会把一个土得掉渣的笑话当成新鲜的笑料。作为一名听众，此时，就要练一练忍耐的美德了。不能对他说："这话你已经说过多次了。"这样，会伤害他的自尊心。你唯一能做的就是耐心倾听，在心中想想他的记忆力不好，并真正同情他，而且他说话时充满诚意，你就用同样的诚意接受他的善意。但如果说话的人滔滔不绝而你又毫无兴趣，觉得不值得花费时间和精力去忍耐，就应该巧妙地停止他乏味的谈话，但千万注意，不可伤害对方的自尊心。最好的方法是不动声色地将话题引向对方在行而自己又感兴趣的内容。

与人交谈时，既要善于聆听对方的意见，也要适时发表个人意见。一般不提与话题无关的事；更不要左顾右盼、心不在焉；也不要漫不经心地看手表、伸懒腰、玩东西等，表现出不耐烦。

在社交场合或与外宾谈话时，"见了男士不问钱，见了女士不问身"。不要径直询问对方履历、工资收入、家庭财产、衣饰价格等私人生活方面的问题。与女士谈话不要说她长得胖、身体壮、保养得好等，对方不愿回答的问题不要追问，也不要追根问底。不慎谈到对方反感的问题时，应及时表示歉意，或立即转移话题。

与人交谈时要竭力忘记自己，不要老是没完没了地谈个人生活、自己的孩子、自己的事业。你要在交谈中给对方发表意见的机会，逗引别人说他自己的事情，同时，你以充满同情和热忱的心去听他的叙述，一定会让对方高兴，给对方留下最佳的印象。

另外，说话时，一定要注意用词，切忌尖刻难听。

说话尖刻的人，未尝不知其伤人，而仍以伤人为快，这完全是一种病态的心理。之所以这样，也自有其根源，换句话说，就是环境带他走入歧途。第一，这种人有些小聪明，且颇以聪明自负，而一般人却不承认他聪明，因此他有怀才不遇之感；第二，这种人富有强烈的自尊心，希望别人都尊重他，偏偏却得不到别人的尊重，因此他仇视所有人；第三，仇视的心理一直郁积在心里，始终找不到释放的机会，他又不会自身修养，于是只有四处寻找发泄的对象。他认为人们都是可恶的，不管与其有无旧恨新仇，都伺机而动、滥放冷箭。

这种人只会失败，不会成功，在家里，即使父兄妻子等亲人也不会和他关系融洽；在社会上，最终会成为众矢之的。所以说，说话尖刻伤人情，最终也是伤自己。人都有不平之气。若觉得对方言语不入耳，不妨充耳不闻；若觉得对方行为不顺眼，不妨视而不见。不必过分计较，更不要伺机嘲弄、冷言冷语，甚至指桑骂槐。快语伤人并无裨益，谈话无"礼"惹人反感。

对上司的"痛处"讳莫如深

想得到晋升，就要处理好与上司的关系，就千万不要伤害上司的尊严，对上司的"痛处"要做到讳莫如深。

俗话说：打人莫打脸，揭人莫揭短。如果你不顾别人的面子，总有一天会吃苦头。因此，一定不要在公开场合说别人尤其是上司的坏话，宁可高帽子一顶顶地送，也不要让他人丢了面子。

被击中痛处，对任何人来说，都不是件令人愉快的事。尤其是他人身上的缺陷，千万不能用侮辱性的语言加以攻击。在中国，有所谓"逆鳞"之说，据说在龙的喉部以下，约直径一尺的部位上有"逆鳞"，如果不小心触摸到这一部位，必定会将龙激怒。事实上，人的身上都有"逆鳞"存在，就是我们所说的"痛处"，也就是缺点、自卑感。如果你不小心触及了对方的"逆鳞"，就会惹祸上身。

明太祖朱元璋出身寒微，做了皇帝后自然少不了有昔日的穷哥们儿到京城去找他。这些人满以为朱元璋会念在老朋友的情分上给他们封个一官半职，谁知朱元璋最忌讳别人揭他的老底，以为那样会有损自己的威信，因此对来访者大都拒而不见。

有位朱元璋儿时的好友，千里迢迢从老家凤阳赶到南京，几经周折才算进了皇宫。一见面，这位老兄便当着文武百官大叫大嚷起来："朱老四，你当了皇帝可真威风呀！还认得我吗？当年咱俩一块儿光着屁股玩耍，你干了坏事总是让我替你挨打。记得有一次咱俩一块偷豆子吃，背着大人用破瓦罐煮。豆还没煮熟你就先抢起来，结果把瓦罐打烂了，豆子撒了一地，你吃得太急，豆子卡在喉咙里还是我帮你弄出来的，你忘了吗？"

这位老兄还在喋喋不休唠叨个没完，朱元璋却再也坐不住了，心想此人太不知趣，居然当着文武百官的面揭我的短处，让我这个当皇帝的脸往哪儿搁。盛怒之下，朱元璋下令把这个人杀了。

"为尊者讳"，这是官场的一条规矩。一个人，无论他原来的出身多么低贱，有过多么不光彩的经历，一旦当上了大官，就不愿再让人提起以前那些不光彩的事。朱元璋的那位穷哥们儿却不懂得这一点，自以为与他有旧交，居然当众揭了皇帝的老底，触了"逆鳞"，岂不是自找倒霉吗？

在现实生活中，虽然上司不像朱元璋那样对人的性命造成威胁，但如果你想保住工作，想得到晋升，就要处理好与上司的关系，千万不要伤害上司的尊严，对上司的"痛处"要做到讳莫如深。

广结人缘，不在背后诋毁他人

当别人向你诉苦时，你应该既对他表示同情，又能置身事外，切不可随波逐流，诋毁别人。

公司里琐碎的事情比较多，这些事情看上去虽小，但若处理不当，可能会使你处于不利的境地。当你对同事或上司不满时，切不可到处诉苦水，或背后诋毁别人。当别人向你诉苦时，你应该既对他表示同情，又能置身事外，切不可随波逐流，诋毁别人。否则，你会陷入人际关系混乱的境地，因为没有人敢和一个常在背后乱说坏话的人在一起，他们都会觉得这样的人十分危险。

如果有的同事在你面前诋毁别人，更不要人云亦云，以讹传讹。为什么这么说呢？首先你要明白，你所知道的关于别人的事情不一定确凿无误，也许还有许多隐情你不了解。要是你不假思索就把你所听到的片面之言宣扬出去，难免会颠倒是非。话说出口就收不回来，事后你完全明白了真相时才后悔不迭，但此时已经在同事之间造成了不良的影响。

事实上，人与人之间的关系相当复杂，你如果不知内幕，就不可信口雌黄，以免招惹是非。

某公司企划科李某升为科长，同一间办公室坐了几年，平日不分高下，暗中竞争的同事成了自己的上司，总让人有那么一点儿酸酸的感觉。企划科李某的几个同事背后嘀咕开了："哼！他有什么本事，凭什么升他的官？"一百个不服气与忌妒就都脱口而出了，于是你一句我一句，把李某数落得一无是处。

王新是分配到企划科不久的大学生，见大家说得激动，也毫无顾忌地说了些李某的坏话，如办事拖拉、疑心太重等。可偏有一个阳奉阴违的同事，背后说李某的坏话说得比谁都厉害，可一转身就把大家说李某坏话的事说给了李某。

李某想：别人对我不满说我的坏话我可以理解，你王新乳臭未干有什么资格说我，从此对王新很冷淡。王新大学毕业，一身本事得不到重用，还经常受到李某的指责和刁难，成了背后别人坏话的牺牲品。

人与人之间的关系本来就很复杂，特别是在公司里，几个人凑在一起闲聊，话匣子打开就很难合上。很多人因为把持不住，就有可能说别人的坏话，而另一些人就会随声附和，甚至添油加醋地加以传播，那后果将不堪设想。

同事是工作伙伴，不是生活伴侣，你不可能要求他们像父母兄弟姐妹一样真正地包容你、体谅你。很多时候，同事之间最好保持一种平等、礼貌的伙伴关系，彼此心照不宣地遵守同一种"游戏规则"，一起把"游戏"进行到底。更多的时候，你需要去体谅别人。站在同事的角度替他们想一想，也许更能理解为什么有些话不该说，有些事情不该让别人知道。

只有很好地做到独善其身，才能使你广结人缘，不会被卷入是非的旋涡里，从而使你在公司里做到游刃有余，为自己创造更好、更和谐的工作环境。

不要散布同事的流言蜚语

作为公司中的一员，时刻与同事相处，对于同事的品质应该有所了解。切不可把鸡毛当令箭，把流言蜚语当作真事来传。

在同事中间常常有这样一些人：他们到处散布别人的流言蜚语，每天不是东家长就是西家短，没完没了，让人厌烦。一些原本平淡无奇的事经过他们的传播也会极富"色彩"，这样的人唯恐天下不乱，作为一个会说话会办事有修养的人，千万不要与这些人为伍，不要随意散布同事的流言蜚语，即使有人跟你说，也要做到左耳听右耳冒，不要受到这些事情的干扰。

流言蜚语会对人们的工作、生活产生巨大影响。有一位赵小姐就遇到过这样的痛苦经历，下面我们来听听她的讲述：

我为人善良，但很要强。我既想在事业上有所作为，又不想让他人说三道四。说来有些惭愧，高考落榜后，我进了一家工厂。一进厂，厂里就组织我们一同来的40个女同学进行培训。四个月以后，只有我一人分到科室工作，其他人全下车间。我很高兴，在科室工作许多事要从头学起，我虚心向老同志请教，勤奋学习，细心观察别人对问题的处理方法，现在能很好地胜任自己的工作。我这个人不笨，脑子也比较灵，办事也有一定的能力。就在工作取得一定成绩的时候，听到别人议论自己，说我是靠不正当手段进科室的，说我与上司的关系不一般等等闲话。我的上司有能力，但名声的确不好，而且粗鲁，经常开过头的玩笑。我对他也很看不惯，但毕竟是上司，又能怎么样？所以我对他敬而远之。可是有些同事总是背后议论我的品行，他们这些无中生有的议论，实在影响我的情绪，使我心理压力很大，我没有使用任何手段使自己分到科室工作，我自认为是凭自己的本事得到这一份工作的。可是"人言可畏"啊！自从听到传言之后，我处处小心，感到孤独、烦恼，工作积极性不高，精力很难集中起来，我该怎么办呢？

上例中的赵小姐就是一位典型的被流言蜚语所伤的受害者，男女关系是散布流言蜚语的同事最喜欢传播的小道消息之一。当然了，这类同事散布流言蜚语不仅仅是这一方面，他们散布的话题非常广泛，比如，某人工作有了一些成绩、家庭出现一些问题，甚至多接几个电话都会有流言蜚语产生。流言蜚语是软刀子杀人，使人陷入深深的痛苦之中而不能自拔。

作为公司中的一员，时刻与同事相处，对于同事的品质应该有所了解。切不可把鸡毛当令箭，把流言蜚语当作真事来传。

如果自己不能时刻觉察到自己有这个毛病，那么，请同事来提醒你，纠正它。加入传闲话的行列实在是极愚蠢的，害人又害己。

所以，当有同事在你面前说别人的坏话，散布别人的谣言时，不要随声附和，你要想到：他可以对你说别人的坏话，也完全可以在别人面前说你的坏话，如果你附和了他的话，下次他就会把你的话添油加醋地说给别人听，破坏你与别人的关系。总之，这种人是离得越远越好。

少发牢骚，别把自己弄成"怨妇"

怨天尤人势必损害自己的声誉，它不能博得同情和安慰，反而会招致他人的幸灾乐祸与无礼轻慢。

不停发牢骚的人不见得就不乐于助人，他也可以是尽心尽力为别人服务的心地善良之人，但是这种人总是把自己弄成一个"怨妇"的形象，即使好心也不受欢迎。

　　"烦死了，烦死了！"一大早就听王宁不停地抱怨，一位同事皱皱眉头，不高兴地嘀咕："本来心情好好的，被你一吵都烦了。"

　　王宁是公司的行政助理，事务繁杂，工作是有些烦。可谁叫她是公司的"管家"呢，事无巨细，不找她找谁？

　　刚缴完电话费，财务部的小李来领胶水，王宁不高兴地说："昨天不是来过了吗？怎么就你事情多，今儿这个、明儿那个的？"抽屉开得噼里啪啦，翻出一个胶棒，往桌子上一扔，说："以后东西一起领！"小李有些尴尬，又不好说些什么。

　　一会儿，销售部的王娜又风风火火地冲进来，原来复印机坏了。王宁脸上立刻晴转多云，不耐烦地挥挥手："知道了，烦死了！先填保修单，"单子一甩，"填一下，我去看看。"王宁边往外走边嘟囔："综合部的人都死光了，什么事情都找我！"对桌的小张气坏了："这叫什么话啊？我招你惹你了？"

　　年末的时候公司民主选举先进工作者，领导们都认为先进非王宁莫属，可一看投票结果，50多张选票，王宁只得12张。

　　有人私下说："王宁是不错，就是嘴巴太厉害了。"

　　王宁很委屈："我累死累活的，却没有人体谅……"

　　发牢骚就像传染病一样，不仅自己情绪低落，也让别人感到不舒服，谁愿意整天和一个满腹牢骚的人在一起呢？

　　不少人无论在什么环境中工作，总是满腹牢骚，逢人便大倒苦水，像祥林嫂般唠叨不停，让周围的同事苦不堪言。也许你自己把发牢骚、倒苦水看作是与同事们真心交流的一种方式，不过过度的牢骚怨言，会让同事们感到既然你对目前工作如此不满，为何不跳槽，去另谋高就呢？

　　怨天尤人势必损害自己的声誉，它不能博得同情和安慰，反而会招致他人的幸灾乐祸与无礼轻慢。所以说，不管从事什么样的工作，你都要把它当成你个人的兴趣，当成一件喜欢的事去做，不要动不动就发牢骚，影响自己也影响别人。如果觉得实在不能适应，你最好还是换一份工作。

第八章

与人交往，说话体面是一种能力

——做事漂亮，也要说话得体

说好皆大欢喜的祝贺话

当亲朋好友遇到大喜事时，我们都会表示祝贺。但倘若我们没有针对性地胡乱祝贺，没有说好祝贺话，那么我们的"热心"换来的很可能就是对方的"白眼"。

祝贺是人们在生活中经常遇到的，是人与人之间交往的一种礼仪。每当我们遇到人生中的大喜事时，如婚姻嫁娶、生儿育女等，亲戚、朋友都会通过某些方式表达祝贺。祝贺时要注意仪表端庄，举止适度，祝词应视对象、场合和内容而定。祝贺送礼要注意三点：

第一，男女之间不可送贴身衣物。

第二，除非对病人，一般不要送药物。

第三，送礼只是表示友情，并不是显示阔气，要量力而行，适可而止。切忌互相攀比，耗财伤情。

从语言表达的形式看，祝贺语可以分为祝词和贺词两大类。祝词是指对尚未实现的活动、事件、功业良好的祝愿和祝福之意，比如某重大工程开幕、某展览会剪彩要致祝词，前辈、师长过生日要致祝寿词，参加酒宴要致祝词等等。贺词是指对于已经完成的事件、业绩表示庆贺的祝颂，比如毕业典礼上，校长对毕业生致贺词；婚礼上亲朋好友对新郎新娘致辞；对同事、朋友取得重大成就或获得荣誉、奖励致贺喜词等等。祝贺要注意以下几点：

1. 情景性

祝贺一定要考虑到特定的环境、特定的对象、特定的目的，使之具有明确的针对性，因为祝贺一般是在特定的情景下进行的。

鲁迅有篇散文叫《立论》，讲到这样一个故事：一家人家生了个男孩，合家高兴透顶。满月的时候，抱出来给客人们看，大概自然是想得到一点儿好兆头。一个说："这孩子将来要发大财的。"他于是得到一番感谢。一个说："这孩子要做大官的。"他于是收回几句恭维。另一个说："这孩子将来是要死的。"他于是得到大家合力的痛打。

在这个故事中，这个说孩子将来是要死的人，他的话从理论上来说是没有错误的，可是他的话不适合此种情景。所以惹人厌恶是必然的事情。不顾当时的特定情景，讲不合时宜的话会招人唾弃。

祝贺总是针对喜庆之事，因此，不应说不吉利的话，应讲使人快慰的话。

2. 情感性

祝贺语要达到抒发感情，增进友谊的目的，必须有较强的感染力，因此要求语言富有感情色彩，语气、语调、表情等都要带情感。

3. 简括性

祝贺语简洁有力，才能产生强烈的感染力。

有些祝词、贺词是人们的临时发挥，但必须紧扣中心，点到为止，给听众留有回味的余地。

某人主持婚礼。婚礼一开始，主持上前致辞：

我今天接受爱神丘比特的委托，为这对爱人主持婚礼，十分荣幸。新郎新娘交换礼物。新郎为新娘戴上金戒指，新娘送给新郎英纳格手表。黄金虽然贵重，不及新郎新娘金子般的心；英纳格手表虽计时准确，也不及新郎新娘心心相印永记心间。

主持人的即兴贺词，得体而又热情，简洁而明快，博得了阵阵掌声。

4. 礼节性

祝贺词一般需站立发言，称呼要恰当。不要看稿子，双目要根据讲话内容时而致礼于祝贺对象，时而含笑扫视其他听众。要同听者做有感情的交流。

餐桌上会说话，感情上好沟通

餐桌是交流感情、拉近彼此距离的一个重要场所，聪明的人在餐桌上要巧说话，借由请客吃饭沟通感情，拉近彼此之间的距离。

无论在哪个国家，参加宴会决不只是为了吃东西，而是在交流。既然是交流，就少不了要说话，那么餐桌上应当怎样说话呢？

在正式用餐之前，通常主人会先招待客人喝点餐前酒，吃些小点心，一方面开开胃，另一方面也可等到客人来齐了再上桌。这是你与其他客人建立联系、交流信息的最佳时刻！不妨趁此机会主动与其他人交流，帮助主人照顾好别的客人，使聚会的气氛更加活跃。

在一场由营销业人士参与的宴会上，幽默的宴会主持人说："我们得先规划一下市场，大家千万不要喝出状况了，请各位先对自己做好定位啊！"宴会上少不了做自我介绍，刘先生第一个开口："我来做一下前期炒作吧！"老朋友李先生也站起来："来来来，我们做个联合炒作，一起推销吧！"其他人一听，乐了："你们蛮会做关系营销嘛！不过，可千万别搞恶性竞争啊！"

并非每个人都有新闻发言人那样的口才，也不可能"上知天文下知地理"，所以在与人交流时，难免会遇到一时答不上来的问题，这时不要感到太难为情，也不要不懂装懂，应该先弄清楚对方的意图，然后尽你所能地帮助对方解疑释惑。

不管是商业交流，还是朋友聊天，都要注意语言表达的得体。同时，要尽量使自己的语言表达具有幽默感，营造一个和谐、轻松、愉悦的氛围。

点菜是一项"硬功夫"

点菜是摆在众人面前一道严峻的选择题。如果菜点安排太少，会怠慢客人；反之安排太多，则会造成浪费，引起他人误解。所以，点菜是一个人饮食文化修养的集中表现，是一项复杂的工作，值得大家探讨。

作为请客者，若时间允许，应等客人到齐之后，将菜单给客人传阅，并请他们来点菜。当然，如果是公务宴请，要控制预算，最重要的是要多做饭前功课，选择合适档次的请客地点非常重要。一般来说，如果由你来埋单，客人也不太好意思点菜，都会让你来做主。

如果你的上司也在宴席上，千万不要因为尊重他，或是认为他应酬经验丰富，酒席吃得多，而让他来点菜，除非是他主动要求，否则，他会觉得不够体面。

如果你是作为赴宴者出现在宴席上，在点菜时，不应该太过主动，而要让主人来点菜。如果对方盛情要求，你可以点一个不太贵、又不是大家忌口的菜，最好征询一下同桌人的意见，特别是问一下"有没有哪些是不吃的"，或是"比较喜欢吃什么"，要让大家有被照顾到的感觉。点菜后，可以请示"我点的菜，不知道是否合几位的口味"，"要不要再来点儿其他什么"等等。

点菜水平的高低直接影响进餐的心情和氛围，在点菜时一定要做到心中有数，牢记以下三条原则：

1.一定要看人员组成，人均一菜是比较通用的原则。如果是男士较多的餐会可适当加量。同时，要看菜肴组合。一般来说，一桌菜最好是有荤有素，有冷有热，尽量做到全面。如果桌上男士多，可多点些荤菜，如果女士较多，则可多点几道清淡的蔬菜。

2.若是普通的商务宴请，可以节俭些。如果这次宴请的对象是比较关键的人物，则要点上几个够分量、拿得出手的菜。

3.点菜前要对价格了解清楚，点菜时不应该再问服务员菜肴的价格，或是讨价还价，这样会让你在对方面前显得有点儿小家子气，而且被请者也会觉得不自在。

中餐宴席菜肴上桌的顺序，各地不完全相同，但一般普遍依循下列六项原则：即先冷盘后热炒；先菜肴后点心；先炒后烧；先咸后甜；先味道清淡鲜美，后味道油腻浓烈；好的菜肴先上，普通的后上。一般情况下，点菜也要遵循这个顺序。

宴会结尾细节决定成败

俗话说："编筐编篓，重在收口。"宴会也不例外。宴会虽然结束了，但并不意味着你就可以完全放松下来了，你还需要做好很多细节性的事情，才能让你的好形象留在宴请对象的心里。有很多人就是因为不重视宴会结束时的几个小细节，因此使得自己之前费尽心思保持的好形象瞬间崩溃，公关办事也变得一波三折。

那么，宴会结束时应该注意哪些细节呢？

1. 宴会结束的时间

一般来说，当主人把餐巾放在桌子上或者从餐桌旁站起身来，即表明宴会结束。只有看到这种信号以后，宾客才可以把自己的餐巾放下，站起身来。

正餐之后酒会的告辞时间按常识而定，如果酒会不是在周末举行，那就意味着告辞时间应在晚间十一点至午夜之间。若是周末，则可晚一些。除非客人是主人的亲密朋友，否则一般都不应该在酒会的最后阶段还坐在那里。

2. 离席的先后顺序

当宴会结束，离开餐桌时，不应把座椅拉开就走，而应把椅子挪回原处。男士应该帮身边的女士移开座椅，然后再把座椅放回餐桌边。要注意，有些餐厅比较拥挤，贸然起身，或使手提包、衣服等掉落在地上，或碰到人，打翻茶水、菜肴，失礼又尴尬！离席时让身份高者、年长者和女士先走，贵宾一般是第一位告辞的人。

3. 热情话别

当宾客离去时，宴会主人应像迎接宾客一样站在门口与他们一一握别。当宾客成群离去时，也应送至门口，挥手互道晚安，并应致意说："非常感谢各位的光临，真谢谢你们把宴会的气氛维持得这样好。"不要以时间过早为由挽留客人，如果是星期天晚上，你尤其不宜说："现在还早得很，你绝不能这么早走，太不给我面子了！"要知道多数人次晨都要早起。对于迟迟还不离去的客人，他们明显地热爱这气氛，这时你可停止斟酒或停止供糖果瓜子等，以此暗示客人该是离去的时候了。

有的主人为每一位出席者备有一份小纪念品。宴会结束时，主人招呼客人带上。除主人特别示意作为纪念品的东西外，各种招待品，包括糖果、水果、香烟等都不能拿走。

警惕有失礼仪的交谈方式

有急事打断他人的谈话时，务必要先讲一句"对不起"。

以下十种方式是不合礼仪的：

1. 在交谈之中"闭嘴"

所谓的"闭嘴"，是指交谈中一言不发，从而使交谈变相地冷场，导致不良的后果。在交谈对象侃侃而谈的过程中，自己始终保持沉默，会被视为对交谈对象的话不感兴趣。本来双方交谈甚欢，一方突然"打住"，会被理解成对对方"抗议"，或对话题感到厌倦。

所以，但凡碰上无意之中所出现的交谈"暂停"，商务人员一定要想办法尽快地引出新话题，或转移旧话题，以激发交谈者的情绪。

转换话题也需要一定的技巧，最好能不着痕迹，巧妙自然地将对方导向新话题；而成功运用这个要领的关键，则在于会话双方对新的话题应当有较多的共同语言。

这样，会话才能拓展交谈天地，维持融洽气氛。为此，在有意转换之前，充分估计对方心态和审慎选择比原来话题更有新意的、在需求上更能满足对方的话题，无疑十分重要。

2. 在交谈之中"插嘴"

所谓"插嘴"，是指在他人讲话的中途，突然冒出来插上一句，打断对方的话。

商界人士在一般情况下，都不应该打断他人讲话，上去插上一嘴，这样有喧宾夺主、自以为是之嫌。如果确实想对他人所说的话发表见解，也需要等对方把话讲完。

如果打算对他人所说的话加以补充，应先征得其同意，先说明"请允许我补充一点"，接下来再插话。不过插话不宜过长、次数不宜过多，免得打断对方的思路。有急事打断他人的谈话时，则务必要先讲一句"对不起"。

当与不相识者、异性、长者或上司交谈时，更不宜"不邀而至"，上去就插上一嘴。

3. 在交谈之中"杂嘴"

交谈之中的"杂嘴"，就是语言不标准、不规范。比如说，在国内的商务交往中，应使用汉语普通话，因为它是国人彼此之间理解与沟通的最佳手段。如果开口方言，闭口土语，不仅可能被他人误解，弄不好还会被视为做人不够开化。在对外商务交往中，应使用双方均能够接受的语言。

4. 在交谈之中"脏嘴"

"脏嘴"，意即说话不文明，满口都是"脏、乱、差"的语言。

5. 在交谈之中"荤嘴"

"荤嘴"，指的是说话带"色"，时时刻刻把丑闻、艳事挂在嘴上。无论从哪一方面而论，"荤嘴"都属于商界人士的大忌，在哪里都让人瞧不起。

6. 在交谈之中"油嘴"

"油嘴"，是指说话油滑，毫无止境地胡乱幽默。谈吐幽默是一种高尚的教养，它是指说话生动有趣，而且意味深长。在适当的情境中，使用幽默的语言讲话，可以使人摆脱拘束不安的感觉，变得轻松而愉快。此外，它兼具使人获得审美快感，批评和讽刺等多重作用。

然而幽默也需要区分场合与对象，需要顾及自己的身份的。要是到处都"幽他一默"，就有可能"沦落"为油腔滑调，从而招致反感。

7. 在交谈之中"贫嘴"

"贫嘴"，是指爱多说废话，爱乱开玩笑。爱耍"贫嘴"的人，动不动就拿交谈对象调侃、取笑、挖苦一通，不是没话找话，话头一起就絮絮叨叨；就是不分男女、不论长幼、不辨亲疏地乱开玩笑。耍"贫嘴"的人，好比作践自己，既令人瞧不起，又招人讨厌。

8. 在交谈之中"犟嘴"

"犟嘴"，就是喜欢跟别人争辩，喜欢强词夺理。他们自以为"真理永远在自己手中"，自己永远正确。爱"犟嘴"的人，"没理争三分，得理不让人"，这种人不受人们的欢迎。

9. 在交谈之中"刀子嘴"

"刀子嘴"，就是说话尖酸刻薄，喜欢恶语伤人。每个人都有自己的隐私，都不希望告之于人，不该"打破砂锅问到底"。每个人都有自己的短处，都不乐意将此展示于人，所以不应该在交谈时"哪壶不开提哪壶"。俗话说："良言一句三冬暖，恶语伤人六月寒。"其口似刀的人，处处树敌，时时开战，触犯了商家"和气生财"的大忌，终将会因为自己的不谨慎而被淘汰。

10. 在交谈之中"电报嘴"

"电报嘴"，是指那些爱传闲话、爱搬弄是非的人。"电报"者，取其传播迅速之意也。在正式的商务交往中，一言一语都有可能成为有价值的商业情报，不容扩散。在非正式的亲友聚会上，他人出于对自己的信任所讲的一些心里话，也应该"到此为止"。将以上内容到处暗传，无限度地张扬，是人格卑鄙的表现。至于那些无中生有、以造谣生事为己任的人，就更不足挂齿了。所以请君勿做"电报嘴"的"中转站"。

求人帮助前，说别人认同的话

要想说好让别人认同的话，就要时刻关心对方的需要，并且想方设法地满足对方的这种需要。只有立足于对方的需要，才能说出获得对方认同的话。

假如你丢了钱包，身无分文，向路人求助时，很容易想象他们脸上惊讶、害怕甚至有点儿怀疑的表情。在这个信用些许缺失的年代，我们很难相信一个陌生人的求助。所以，如果要获得他人的帮助，必须要获得他人的认同。

亨廷顿曾指出，不同民族的人们常以对他们来说最有意义的事物来回答"我们是谁"，即用"祖先、宗教、语言、历史、价值、习俗和体制来界定自己"，并以某种象征物作为标志来表示自己的文化认同。在这里，认同不仅仅指的是文化和民族方面的认同，更重要的是信任感的认同。如果他人对你连起码的认知和信任都没有，又怎么会帮助你呢？

战国时，水工郑国受韩国派遣，到秦国探听情报，不料被秦国逮捕，准备处置。行刑前，郑国要求参见秦王嬴政。他身带重镣，被带到秦廷。秦王嬴政喝问："奸细郑国，你承认有罪吗？"郑国说："是的，我的确是韩国派来的奸细。我建议您兴修水利，确实是为了消耗秦国的民力，延缓韩国被吞并的时间。然而兴修水利，难道不是对秦国万分有利吗？"秦王嬴政想了想，觉得此言确实有理，郑国又说："现在，关中水利工程即将竣工，何不让我将它完成，以造福万民呢？"秦王嬴政沉吟半晌，终于同意了他的要求。在郑国主持下，一项伟大的水利工程郑国渠终于完成了。

秦王嬴政的残暴是闻名于世的，想在他的刀口下活命都不容易，更何况得到他的支持？但由于郑国抓准了他的心理，取得了嬴政的认同，终于打动了他的心，不仅保住了性命，还得以完成了自己心目中的伟大工程。

信任感是认同的基础。如何获得他人的信任和认同呢？以下几点可供借鉴：

必须注意自我修养，善于自我克制；做事必须诚恳认真，建立起良好的名誉；应该随时设法纠正自己的缺点；行动要忠实可靠，做到言出必有信，与人交易时必须诚实无欺，这是获得他人信任的最重要条件。

勤奋刻苦，脚踏实地。夸夸其谈的人给人以不安全感，说得好不如做得好。时间一长，你的浮夸将被人看穿，恐怕肯向你伸出援助之手的人也就对你敬而远之了。

很多人能获得成功靠的就是获得他人的信任。今天，仍然有许多人对于获得他人的信任一事漫不经心、不以为然，不肯在这一方面花些心血和精力。这种人可能用不了多久就要失败。

要获得他人的信任，除了要有正直诚实的品格外，还要有敏捷、正确的做事习惯。即使是一个资本雄厚的人，如果做事优柔寡断、头脑不清、缺乏敏捷的手腕和果断的决策能力，那么他的信用仍然维持不住。一个人一旦失信于人一次，别人就再也不愿意和他交往或发生贸易往来了。

人类仿佛有一种共同的心理，那就是如果有人能使我们感到高兴喜悦，即使事情与我们的心愿稍有相悖也不太要紧。求人帮助时，你要学会针对别人感情的弱点，与别人产生共鸣，只有这样，你的求助才能达到预期的结果。其实一件事情，能做的人是很多的，但智商很高的人往往却做不了，原因在于他们过于相信自己的智力，而忽略了对方的感情。

能博得他人的欢心，获得他人的信任，是求人帮助时必不可少的。要想做到这一点，首先一条就是要有一种令人愉悦的态度，脸上带着笑容，行动轻松活泼。无论你内心中是否对别人有好意，但如果人们从你的脸上看不到一点儿快乐，那么谁也不会对你产生好感。

软话更容易催人行动

倘若你能够站在别人的立场上，设身处地为对方着想，全面分析双方的利弊得失，适时地说一些软话，那么你便能够成功地打动对方，从而达到自己的意愿。

由于说话态度不同，语言既可以成为建立和谐人际关系的强有力的工具，也可以成为刺伤别人的利刃。语言可以表现出一个人的人格。即使是语言比较笨拙的人，只要具有发自内心的关怀对方的心情，其心情就能在话语间充分流露出来。相反，如果没有发自内心的关怀的心情，即使用再多华丽的语言，也会被对方看穿。所以满怀真诚是最重要的。

在洽谈生意或求人帮助时，应用真诚的说话态度，容易招人喜欢，被人接纳。入情入理的话，一方面显示说服者坦诚的态度；另一方面又尊重对方并为对方着想。这样无论在交易原则上，还是在人的情感上都达成了沟通，扩大了双方的共识，更易促使合作成功。

松下幸之助推销产品时碰到了一位杀价高手。他告诉对方："我的工厂是家小厂。夏天，工人在炽热的铁板上加工制作产品。大家汗流浃背，却努力工作，好不容易制出了产品，依照正常利润的计算方法，

169

应当是每件 × × 元承购。"

对方一直盯着他的脸，认真地听他说话。当松下幸之助说完之后，对方展颜一笑说道："哎呀，我可服你了，卖方在讨价还价的时候，总会说出种种不同的话。但是你说得很不一样，句句都在情理之上。"

松下幸之助为什么会成功呢？其实，这在于他真诚的说话态度。他强调自己是依照正常的利润计算方法确定价格的。自己并无贪图非分之财之意，同时也暗示对方无讨价还价的余地。这就使对方调整角度，与其达成共识。

松下幸之助是一个煽情高手，他的语言充满了情感。他描绘了工人劳作的艰辛，创业的艰难，劳动的不易，语言朴素、形象、生动，语气真挚、自然，唤起了对方切肤之感和深切同情。正如对方所说的，松下幸之助的话"句句都在情理之上"，接受其要求自在情理之中。

一个人是成功还是失败，一个人的命运是一帆风顺还是曲折不断，跟他的处世方式有着极大的关系。只要你会说话，将说话与处世的方法有机地结合在一起，就能建立良好的人际关系。真诚说话不应是一种技巧，而应是人在社会上的立身之本，在这种本位下，说出的每句话都是闪烁着朴实的光泽的，易于被人接受。

在我们与人交谈时，必须秉持着一颗"至诚的心"，不要流于巧言令色、油嘴滑舌，要根据时间、场所和对象的不同，将自己最好的一面通过"说话"表达出来，如此才能建立良好的人际关系，使自己融入群体之中。

许多年以来，奈佛先生一直想把燃料卖给一家大连锁店。但是这家连锁店一直向外地购买燃料，运货的路线正是从奈佛先生办公室的门口经过。奈佛先生有一天在卡耐基的课堂上大发牢骚，并大骂这家连锁店。

当他向卡耐基说出自己的心事后，卡耐基建议他改变战略。首先，他们准备在课堂上举行一次辩论会，主题就是连锁店的广布，对国家害多益少。于是卡耐基建议奈佛先生加入反方，他同意了。由于要为连锁店辩护，奈佛便去拜访他原本瞧不起的连锁店经理，告诉他"我不是来推销燃料的，我是来找你们帮个忙"。他说清来意后，并特别强调："我来找你，是因为我想不出还有其他人更能提供给我事实。我很希望能赢得这场辩论，无论你提供什么给我，我都十分感激。"奈佛先生后来回忆说："我原先只要求这位经理拿出一点儿时间，所以他才同意见我。当我把事实说出之后，他指着一张椅子要我坐下，我们聊了一个多钟头。他还请来另一位主管——这位先生写过一本有关连锁店的专论。他觉得连锁店提供了最真实的服务，他也以自己能够为许多社区服务为荣。当他侃侃而谈的时候，两眼发亮，我也不得不承认他的确让我明白了许多事。他改变了我整个心态。

　　"在我离去的时候，经理陪我走到门口，用手揽住我的肩膀，祝我辩论得胜，并且让我再去看他，让他知道辩论的结果。最后，他对我说：'春天来的时候请再来看我，我很愿意向你买些燃料。'这真是奇迹，他居然主动提起买燃料的事。由于我对他们连锁店的关心，使他也转而关心我的产品，从而能在这两个钟头里，达成十年来所不可能的目标。"

　　倘若你能够站在别人的立场上，设身处地为对方着想，并且全面分析双方的利弊得失，语气亲切随和、态度真诚、不卑不亢、入情入理，那么你便能够成功地打动对方，从而达到自己的意愿。

求助时，话语中要避免过于功利

求人帮助时，要斟酌好说什么样的话，尤其是向亲朋好友求助时，话语中更要避免过于功利化。

人在社会上不可能是孤立地生存，我们有亲人、有朋友、有同事，有千丝万缕的人际关系，同样，我们有欢乐、有痛苦，我们奉献爱心，有时也需要别人的帮助。向他人寻求帮助，不要显得太功利，否则会惹人反感。试想，如果一个很久未与你有联系的昔日同事，突然打电话请你帮他贷笔巨款，恐怕你感到的不仅是为难，心中还有极大的不悦吧？

俗话说："在家靠父母，出门靠朋友。"多一个朋友多一条路。要想人爱己，己须先爱人。时刻存有乐善好施、成人之美的心思，才能为自己多储存些人情的债权。这就如同一个人为防不测，须养成"储蓄"的习惯，这甚至会让各位的子孙后代得到好处，正所谓"前世修来的福分"。

有人说，人生如戏，工作单位是一个大舞台，演戏的人不仅要台上功夫过硬，台下也少不了查漏补缺，打点准备。只有台上台下配合默契、相得益彰，才能真正获得掌声与喝彩。很多"走红"的"演员"常会利用舞台外的时间进行相关活动，希望回到台上后可以讨些好处。

中国人串门落座之后常爱说"无事不登三宝殿"，言外之意是有事相求。其实这正是台下功夫不到家的一个明显例子。会唱台下戏的人常常"无事也登三宝殿"，平日很注意与人保持联系——哪怕是一个电话也好，让别人知道，他人在自己心目中占一席之地，如果非到有事才找人，未免显得太过功利主义，惹人反感。8小时之外常到同事家做做客以加强联系沟通有无，看来还是必要的，但却要把握一定的分寸，懂得做客的学问。

在一次会议上，小王邂逅了一位久未谋面的老朋友。休会期间，他们热情地攀谈起来。聊着聊着，小王不禁对他抱怨起来："我打过很多次你的手机，但一直都是停机。你也是的，这么长时间，怎么也不跟我联系？"朋友嘿嘿一笑，从嘴里蹦出四个字："又没啥事。"

一日，小王接到了这位朋友的电话，心中一阵惊喜。电话接通后，朋友一开口便要请小王帮他推销产品。说了一大套关于产品的介绍之后，朋友又开始给小王开出所谓的"好处费"。小王也并非不知道"朋友多了路好走"的道理，但就是这个电话，把他们的友谊击得粉碎。

这个故事就很说明问题，不要在需要帮助的时候才想起别人，朋友不是一日交的，关系不是一日确立的。

迂回委婉地说出你的需求

即使你向别人提出的要求是正当的，也要有技巧地、迂回委婉地说出来，这样才会让他人更容易接受。

即使你向别人提出的要求是正当的，你也得讲究时机和技巧，不然将不会被人重视，甚至被理解为无理取闹。如果你认为你的薪水与你的能力没有成正比，想让你的老板给你加薪的时候，你会用什么样的方法提出自己的想法呢？你会随随便便地提出要求吗？聪明的你肯定不会这样做。有技巧地说出自己的要求，才会让他人更容易接受。

乔治是华盛顿储蓄银行的一名出纳，他就是采用迂回的方法挽回了一位差点儿失去的顾客。

"有位年轻人走进来要开个户头，我递给他几份表格给他填写，但他断然拒绝填写有些方面的资料。我从一开始就决定诱使他回答'是，是的'，于是，我先同意他的观点，告诉他，那些他所拒绝回答的资料，其实并非非写不可。"

"但是，假如你碰到什么意外，是不是愿意银行把钱转给你所指定的亲人？"

"当然愿意。"

"那么，你是不是认为应该把这位亲人的名字告诉我们，以便我们届时能够依照你的意思处理，而不致出错或者拖延？"

他再一次回答道："是的。"

这个时候，他的态度已经缓和下来，知道这些资料并非仅仅为了银行而留，而是为了他个人的利益。所以，他不仅填写了所有资料，而且在我的建议下开了一个信托账户，指定他母亲为法定受益人。当然，他也填写了所有与他母亲相关的资料。

在这个故事中，这个聪明的出纳一开始就让客户回答"是，是的"，这样反而使客户忘了原本来问题的所在，而高高兴兴地去做你建议的所有事情。所以，我们得到他人愈多的"是"，就愈能为自己的意见争取主动权。推销商品也好，其他一切需要他人信服、支持的事情也罢，这一法则是很有效的。

曾经有一位年仅25岁的法国将军竟然能够使衣衫褴褛、饥肠辘辘的意大利军队听命于他。这到底是怎么回事呢？起初，他抓住了士兵们对衣食上的迫切需求，开始鼓励他们："我将把你们从这个衣不蔽体、食不果腹的世界带到一个最富足的地方去，在那儿，你可以看到繁华的城市和富饶的乡村，你们可以过上衣食无忧、逍遥自在的生活。"在占领了一个重要城市之后，他又改变了说法，这时，他转而在士兵们的自尊心上下功夫，用热烈而优美的词句赞美他的士兵："你们是历史的创造者，当你们荣归故里时，你们的乡亲会热情地指着你们，说：看，他曾经服役于那伟大的英勇的意大利军队。"由于他总能够把军事计划和士兵们的欲望紧紧地联系起来，所以他的军队一直都支持他、效忠于他，英勇作战，义无反顾。他就是拿破仑·波拿巴。

所以，当我们想要借助别人的力量时，如果不知道如何才能说服对方支持你，也没有想过要观察他的兴趣和思想，他怎么会支持和帮助我们呢？请不要毫无准备地闯入他的办公室，这种做法是非常不明智的，你不如在他的办公室外先考虑几个小时，然后再去敲门。

谈判专家之所以能解决棘手的问题，是因为他懂得有技巧地表达自己的意图。销售大王之所以能取得好的业绩，是因为他懂得有技巧的沟通。我们听听一个销售大王的经验：销售人员与客户之间的沟通有时表现为相互进攻，有时表现为各自坚守阵地，更多的时候，是进攻与防守的结合运用。

例如销售人员说："如果购买量达不到100箱的话，那就不能享受八折优惠。"（"100箱的销售量"属于进攻行为，"八折优惠"为防守策略）客户说："如果这种产品的价格不能享受七折优惠的话，那我就只能选择其他产品。"（"七折优惠"是进攻行为，"不购买产品"为防守策略）

在进攻与防守策略灵活运用的各个沟通环节当中，销售人员应该学会掌控整个沟通局面，而不要让自己围着客户提出的种种条件团团转。要想掌控全局，在每次与客户沟通的过程中，销售人员都需要在关键问题上事先确定一个合理的底线，比如产品价格不能低于多少、不符合某种购买条件时不提供某种免费服务、客户最晚不能超过多长时间付清货款等。

主办第23届洛杉矶奥运会的重任落到了彼得·尤伯罗斯身上，他面临着一个非常重要的问题：必须把奥运会有关项目的赞助权销售出去，才能获得资金筹备奥运会。彼得·尤伯罗斯担心的事情是：如果这些"赞助权"不能被成功销售出去，或者销售费用太低，那么洛杉矶奥运会的顺利举行将会受到严重掣肘。为此，尤伯罗斯为饮料业赞助商投标时，设置了自己的最低心理底线——400万美元，给媒体行业的电视转播权投标时，他又定了2亿美元的天价。在当时，这些价格都是前所未有的，当得知尤伯罗斯确定这样的价格底线时，很多商家都表示坚决要退避三舍。然而，尤伯罗斯知道很多商家的声明都是一种策略，没有一个商家不希望自己能够获得奥运会的赞助权，只要他们有这样的实力，就一定会认真考虑的。

就这样，尤伯罗斯一次又一次地与各个行业的商业巨头在谈判桌上进行沟通，他游刃有余地周旋于各大商业巨头中间，和商业巨头们展开了形式多样的沟通和交流，而且他表现得相当灵活。但是每当涉及投标价格的讨论时，尤伯罗斯都表现得相当坚决，到后来，他甚至在价格方面已经不做任何解释了。

当尤伯罗斯在价格问题上几缄其口之时，各大商业巨头之间展开了明争暗斗。结果，尤伯罗斯从可口可乐公司那里得到了1260万美元，从美国广播公司那里得到了2.25亿美元。

在商场中，当你与他人进行谈判时，可以考虑尤伯罗斯的做法，确定合理的底线，进攻和防守兼而有之。向老板提出加薪也是同样的道理，在适当的时间说适当的话。

第一次世界大战后，美国总统威尔逊为了重建国际新秩序、组织国联而游说欧洲各国。他来到了法国，他非常清楚地知道要说服法国这个欧洲大陆的第一强国，就得先说服绰号"法国老虎"的克里蒙梭。要让他同意组织国联的计划十分艰难，但威尔逊在经过深思熟虑后，还是决定与克里蒙梭会晤。在交谈中，威尔逊首先提出了海洋自由的问题，因为这个问题是法国当时急需要解决的问题，接着他就提出了国联的计划，这个计划能够解决海洋自由的问题。结果，克里蒙梭对组织国联的计划十分感兴趣，后来他终于支持成立国联。威尔逊之所以能够赢得"法国老虎"的支持，原因就在于他告诉克里蒙梭国联可以满足他的某种需要。

在出席一个集会之前，我们会不会总是要先考虑到自己应该说些什么话？我们是否应该顺着对方的兴趣来表达自己的意见？是否能够顾及他的需求？

在向上级汇报时，在见一位顾客之前，在与一个同事交谈之前，在召见一个下属之前，有多少人会真正考虑过对方的立场呢？孔子的学生子贡曾经问他："有没有一个字可以作为终生奉行不渝的法则呢？"孔子回答："其恕乎！己所不欲，勿施于人。"这里的"恕"是凡事替别人着想的意思。自己不喜欢做的事，不要加在别人身上。我们可以把这句话看成为人处事的基本修养，如果你能够做到这一点，那么便可以建立良好的人际关系。"恕"的核心是用以己度人、推己及人的方式处理问题。这样可以造成一种重大局、尚信义、不计前嫌、不报私仇的氛围，以及成就双方宽广而又仁爱的胸怀。其实，对于日常生活小事的处理，又何尝不是如此呢？按照"己所不欲，勿施于人"的原则，反求诸己，推己及人，往往会有皆大欢喜的结果。

有句话是这样说的：人同此心，心同此理。人们的思想总是有着某种共同的规律的，在获得他人支持的努力中，积极发掘这种共同的规律，寻找事物的关联之处，先自觉地解剖自己，再由己及人，以求得双方在思想上的共鸣。若要人敬己，必先己敬人，你敬人一尺，人敬你一丈。人际交往就是有这样的互补性报偿，报偿是一种自觉不自觉的社会动机，只有尽可能地尊重一个人，才能尽可能地要求一个人。

如果你求人帮助，用尽了各种招数却仍受到了别人的拒绝，此时你应该怎么办呢？

不要过分坚持。

对方既已拒绝，必有原因，如果过分坚持自己的要求，不但会使对方为难，而且也使自己陷于进退两难的境地。

不要过分追究原因。的确，任何人都想知道被拒绝的原因，但是如果非问清原因不可，往往会破坏双方感情。

做任何事，眼光都要放长远、心胸都要宽广。

真挚的友情是长期培育建立起来的，也能经得起漫长岁月的考验。如果求之于人时，一好百好；事成之后，过河拆桥，一锤子买卖，友谊哪能长久？如此寡情少义，关键时刻，又怎能奢望别人的真诚相助？

当我们想求他人为自己帮助时，不要总是想着自己的利益，我们也应该考虑一下他人的想法和可能的回应。

让引导成为说服的第一手段

要想说服别人，我们就要想办法让别人认可我们的想法，而引导术无疑是让别人认可我们的想法的有力的劝导术。

与他人理论时，你的想法必须得到对方的认可。为了达到成功说服的目的，我们必须采取一些方法及手段，而引导，正是在这一过程中必须采用的手段之一。引导说理，心平气和，步步引导，耐心商讨，别人易于接受。引导技巧的关键在"诱"字，立足在"导"字。要诱得巧妙，导得自然，应做到四点：

1. 有目的地引导

要有明确的说明目的，有的放矢，所有的引导内容，都要紧紧地为总目的服务。

古时候，有一位父亲得知儿子染上了赌博的恶习，便给他写了一首戒赌诗，以诗说理规劝。诗曰："贝者是人不是人，只因今贝起祸根。有朝一日分贝了，到头成为贝戎人。"儿子看后，不解其意。父亲给他一一指道："贝者是赌，今贝是贪，分贝是贫，贝戎是贼。赌、贪、贫、贼是每一个赌博之徒的必由之路。"儿子听了，立刻幡然醒悟，弃赌从良，自食其力。

这位父亲劝子戒赌的方法巧就巧在：第一，以诗劝子方法新颖，让儿子去思考其中的含义；第二，当儿子百思不得其解时，一语道破诗意，道出"赌博必定贫穷，强盗出于赌博"的道理，使儿子恍然大悟。这种有目的地引导往往能收到较好的劝说效果。

2. 有步骤地引导

既有总体设计，又有分步计划。每一步怎样引导，怎样发问，谈话前都要经过深思熟虑，胸有成"话"。这样，环环紧扣，步步深入，最后矛盾凸显，诱使对方在无法解决的矛盾面前自我否定。

某饭店服务员小刘捡到顾客遗失在店内的手机，想悄悄据为己有，被领班董大姐发现了，让她上交，可小刘说："手机是我捡的，又不是偷的，更不是抢的，不上交也不犯法。"董大姐说："小刘，你知道什么叫作'不劳而获'吗？""不知道！"小刘嘟着嘴回答。董大姐："你看，不劳而获是不经过劳动而占有劳动果实。说得确切点是占有别人的劳动果实！""你什么时候学会咬文嚼字了？"小刘有点儿不耐烦了，董大姐耐心地问："你说，抢别人的东西是不是'不劳而获'？""是的。"你说，偷别人的东西是不是'不劳而获'?""当然是。""那么，捡到别人的东西据为己有是不是'不劳而获'呢?""这……"小刘顿时语塞。董大姐顺势教育道："拾到别人的东西据为己有，和偷、抢得来的东西，在'不劳而获'这一点上是相通的，除了国家法律，我们还应该有一定的社会公德，再说店里也有工作守则，拾到顾客遗失的物品要交还，你可不能犯糊涂啊!"经过董大姐的教育，小刘终于认识到自己行为上的错误，把手机交了出来。

在这里，董大姐避开小刘振振有词的歪理，而是有意和她弄清楚一个看似与论题无关的"不劳而获"的意义，再引导她由大及小，从面到点，步步推进，最后才切入实质性问题：拾到东西据为己有，同偷、抢一样是"不劳而获"，是同样可耻的行为。一席话使小刘受到了教育。

总之，说服的过程是说服者对被说服者攻心的过程，也是被说服者心理渐变的过程。运用"层渐递进"的说服技巧，从理论上讲，符合心理学的基本规律，从实践中看，只要运用得恰当巧妙，就能取得理想的说服效果。

3. 有预料地引导

在引导之前要考虑到对方会怎样讲，可能有几种讲法，怎样随机应变。这样才能使自己的引导不会变成"哑炮"，一个人唱独角戏。要使自己的引导能引出对方的话，开启其思路，就要作通盘打算。

新转入某班的方方同学，做作业马虎、潦草。老师把他叫到办公室，拿出一本字迹工整的作业递给他说："你看这位同学的作业写得怎么样?"方方看了一眼，没说什么。老师又拿出一本字迹潦草、错误较多的作业给他看，并说道："你看这本作业怎么样?"方方看了一眼，说："跟我的作业差不多。""你再看看这两个作业本上的名字。"老师温和地说。这一回，方方疑惑了："都是李林的?"老师抓住时机，耐心地说："差的一本是李林同学去年的作业，这一本是他现在的作业。你现在的作业和李林同学去年的作业差不多，但这不能说明你永远是这样。李林同学经过半年的努力，能写出工整漂亮的作业，老师相信你一定会像李林一样。用不了多长时间就能将作业写好。"老师这段谈话，言此意彼，既维护了学生的自尊，又起到了指出其不足，勉励进步的目的。

方方的老师已经预测出他的每一句问话方方会怎样去回答，然后，他根据方方的回答顺势劝导，起到了较好的说服效果。

4. 有诚意地引导

诚恳开导，不讽刺，不挖苦，这样才能使得对方心悦诚服。此法的好处是容许被说服者在接受说服的过程中，存在一个认识过程，获得一些全新的知识。

用引导技巧说服人，要认真构思，事先把各个关节想清楚，谈话中又要针对实际情况，灵活应变。

说服别人要有合理的理由

说服，是影响人际关系的一种方式，人们都希望掌握说服的技巧，轻松地说服他人，然而，这并非易事。它主要表现为劝说者通过谈话让被说服的对象理解并接受自己的观点和理由。同时，说服力并不取决于是否能言善道，而是在于是否拥有恰当的观点和合适的理由。

大部分人都希望能巧妙地说服他人，但在说服时能拿出充分理由的却非常少。例如：告诉对方"如果不这么做，公司就会有危险""这样会给大家添麻烦""如此才能拓展前途"……这样才算符合说服的需要。与人交往，想不费吹灰之力就说服对方是不可能的。必须彻底归纳自己的意见，表明自己的理由。若抓不住说服意见的重点、想表达的意思却不够明确，这样，不但无法说服对方，反而会遭到对方的反击而不得不知难而退。如果一开始就心生胆怯，心想自己的意见能否顺利地说服对方，或者一味地考虑万一遭到对方的拒绝该怎么处理，甚至在说服前已经开始认可对方的观点等，就不可能有一个稳固的说服基础，就无法想出能成功说服对方的方法和手段。

因此，在说服他人之前，先回顾一下谈论事情的中心思想，找到能打动人的理由，再开始进行说服，这样做的好处是能使说服工作开展得更加顺利，并且胜算更大。

南方的夏季很是难熬，不但潮湿，而且气温也是高得惊人。在这种环境中，就连树上的虫子都懒得出来，更何况每天需要工作十几个小时的建筑工人呢！

又是一个炎热的午后，工人们吃过午饭后都各自找个地方纳凉，因为天气实在是太热了。这时，一位监工走到工人们跟前，大声呵斥，工人们害怕监工，都纷纷拿起工具去干活儿了。可是等监工一走，他们又都停下手中的活儿，开始偷懒。这一切，都被精明的监工看在眼里，他马上明白严厉的呵斥根本解决不了问题，故而，他换了一种战术。

大约过了10分钟，监工又来到工人这边，偷懒的工人们见监工来了，马上开始干活儿。监工笑着说："来，来，来，大家都把手里的活儿停下，这大热的天，咱们聊聊天。"说完，还顺手拿出刚刚买来的矿泉水分给每个人。他继续说道："这鬼天气，谁愿意在大太阳底下干活儿啊，可是没有办法啊，现在上面领导催得紧，而且还要求保质保量。这些倒不是问题，关键是工期我们耽误不得啊，如果我们的工程不能如期交工，不但上面要扣我的工程款，就连各位师傅的工钱我也得拖着了啊。所以，我们大家就一起忍耐一下，抓紧时间把活儿干完，咱们早早干完活儿，也能早点儿拿钱回家孝敬父母，回去也好给老婆孩子添置点儿新东西，你们说是这个道理不？"

工人们一听监工说的句句在理，谁也不好意思再偷懒了，都一声不响地去干活儿了。

工人们之所以在监工第二次的说服之后都自动地去干活儿，就是因为监工掌握工人的心理，理解工人的内心，适时地找到可以劝说工人们自愿干活儿的理由，使目的达成。

若对方固执地坚持己见，不妨直接说出你的意见，让对方暗自权衡一下利弊得失。当你想说服某个人时，若能先将利害关系说出，则更容易达到你的目的。譬如你只是说："赶紧将这份工作完成。"倒不如说："你若能尽快将此事完成，就会有更充裕的时间休息。"虽然辛苦一点儿，但有充分的时间可以休息，这种诱惑是谁也无法抵挡的。说话者技巧的高明之处，在于他们总会先将对方的心理揣摩一番，发现对方防守的要害，用攻坚或软化的方法破坏其防线，以求达到"攻心为上"的效果。

一位平时很节俭的老先生有一部老旧轿车，但这部车已经无法再发动上路了，于是有许多汽车推销员整日围着他推销新车，让他不胜其烦，造成他强烈的防范心理，常常扭头就走。最后，只要推销员一上门，他就会想："这家伙又是看上我的钱包，我绝不会上他的当。"

"你这部老爷车早就该进博物馆了，开这种车实在有失你的身份。""你不如把修车的钱攒起来买部新车，这样才划算。"这位老先生每次听到这些大同小异的商业推销用语，马上反感。

有一天，又来了一名陌生的推销员，老先生的第一个反应是："骗子又来了！"然而，出乎意料的，那位推销员并没有向他夸耀自己的汽车，而是很内行地将老先生的旧车仔细地看了看，然后诚恳地对他说：

"先生，你这部车保养得很好，起码还可以用一年半载，似乎不太需要立刻买新车，过半年再买也不迟。"说完便有礼貌地递给老先生一张名片，然后就直接离开了。听他这么一说，老先生心里泛起莫名的亲切感，不知不觉心中的防御系统已冰释瓦解，愈看愈觉得自己应该换部新车了。于是他马上照名片上的电话号码打电话给那名推销员，结果如何，各位可想而知。

充分的理由是说服人的关键，也是根本。因此我们在说服别人的过程中，就是强调最充分、最关键的理由。

多年以前，美国成功学家拿破仑·希尔曾应邀向俄亥俄州立监狱的服刑人发表演说。他一站上讲台，立刻看到眼前的听众之中有一位是他在 10 年前就已认识的朋友——D 先生，D 先生此前是一位成功的商人。拿破仑演讲完毕后，和 D 先生见了面，谈了谈，发现他因为伪造文书而被判 20 年徒刑。听完他的故事之后，拿破仑说："我要在 60 天之内，使你离开这里。"D 先生脸上露出苦笑，回答说："希尔，我很佩服你的精神，但对你的判断力却深感怀疑。你可知道，至少已有 20 位具有影响力的人士曾经运用各种方法想使我获得释放，但一直没有成功。这是办不到的事。"

希尔前去拜访俄亥俄州州长，向他表明了此行的目的。希尔是这样说的：

"州长先生，我这次是来请求你下令把 D 先生从俄亥俄州立监狱释放出来。我有充分的理由，请求你释放他。我希望你立刻给他自由，为此我准备留在这儿，等待他获得释放，不管要等待多久。在服刑期间，D 先生已经在俄亥俄州立监狱中推出一套函授课程，你当然也知道这件事，他已经影响了俄亥俄州立监狱中 2518 名囚犯中的 1728 人，他们都参加了这个函授课程。他已经设法请求获得足够的教科书及教学资料，而使得这些囚犯能够跟得上功课。难得的是，他这样做并未花费州政府的一分钱。监狱的典狱长及管理员告诉我说，他一直很小心地遵守监狱的规定。当然了，一个能够影响1700多名囚犯努力学习的人，绝对不会是个坏家伙。我来此请求你释放D先生，因为我希望你能指派他担任一所监狱学校的校长，这将使得美国其余监狱的16万名囚犯获得向善学习的良好机会。我准备担负起他出狱后的全部责任。这就是我的要求，但是，在您给我回答之前，我希望您知道，我并不是不明白，如果您将他释放，可能会使您在竞选中失去很多选票。"

俄亥俄州州长维克·杜纳海先生紧握住拳头，宽大的下巴显示出坚定的毅力。他说："如果这就是你对D先生的请求，我将把他释放，即使这样做会使我损失5000张选票也在所不惜……"

说服工作就此轻易完成了，而整个过程费时竟然不超过5分钟。3天以后，州长签署了赦免令，D先生走出监狱的大铁门，他恢复了自由之身。

希尔之所以能够成功地说服州长，和他的周密考虑和精心安排是分不开的。希尔事前了解到，D先生在狱中的行为良好，对1728名囚犯提供了良好的服务。当他创办了世界上第一所监狱函授学校时，他同时也为自己打造了一把打开监狱大门的钥匙。既然如此，其他请求赦免D先生的那些人，为何无法成功地使D先生获得释放呢？他们之所以失败，主要是因为他们请求州长的理由不充足。他们请求州长赦免D先生时，理由或是他的父母是著名的大人物，或者是说他是成功的商人，而且也不是什么坏人。他们未能提供给俄亥俄州州长充分的动机，使他能够觉得自己有充分的理由签署赦免令。

希尔在见州长之前，先把所有的事实研究了一遍，并在想象中把自己当作是州长本人思考一遍，而且弄清楚了，如果自己真的是州长，什么样的说辞才最能打动州长。希尔是以全美国各监狱内的16万名男女囚犯的名义，请求释放D先生的。因为这些囚犯可以享受到D先生所创办的函授学校的利益。他绝口不提D先生有声名显赫的父母，也不提自己以前和他的友谊，更不提他是值得我们帮助的人。所有这些事情都可被用来作为请求赦免他的最佳理由，但和对另外的16万名囚犯有很大的帮助这个更充分、更有意义的理由比较起来，就显得没有太大的意义了。希尔靠着这个最充分、最关键的理由获得了成功。可见，找准了理由，就找到了说服他人的关键。

充满感情的话语才能打动他人

劝说，必须在"晓之以理，动之以情"上大下功夫。而在劝说者与被劝说者之间矛盾尖锐、情绪对立时，说理往往难以奏效，这时，就需要"动之以情"了。换言之，用充满感情的话语更容易赢得别人的尊重和信服。

简单的事情、小道理，用一两个典型事例，再加上简明、扼要的分析，就可以讲清楚。但是，复杂的事情、大道理，涉及多方面的因素，触动一点就牵动全局，则必须全方位、多层次、多角度地进行一系列的说服工作，从多方面展开心理攻势，并辅以严密的逻辑推理，而后才能水到渠成地得出结论。这个结论最好是不要由自己单方面推断出来告知对方，应当以征询意见的口气引导对方同你一起来推理，共同探讨得出结论，让他把你的意见、主张，当作自己寻求的答案，自愿接受，自动就范。这样的说服才是高明的说服。因为对于经过自己头脑思考发现的真理，人们更坚信不疑。晓之以理，要满怀信心，争取主动，先取攻势。当对方已明确、坚决地表示不同意见之后，再说服他，就要付出加倍的努力。当然，争取主动仍要运用委婉、商榷的语气，切忌盛气凌人、以势压人。

很多说服者在说服他人时，往往能在催人泪下的同时，不露痕迹地对听众施加影响，使人不知不觉地接受，这就是情感的力量。对于形象思维强于逻辑思维的青少年儿童，对于多数平日没有深刻的理论思维习惯的人，以事比事，将心比心，运用其自身或熟人的经验教训，再加上感情色彩浓厚的语言，去进行绘声绘色的诉说，易令人感到亲切可信，引发情感上的共鸣，从而为接受道理扫清了障碍，铺平了道路。

数学家苏步青上小学时，成绩特别差，年年期末考试都是倒数第一。这种情形，就如同把名次靠前的同学的名字"背"在自己身上一样，所以人称"背榜生"。有一次他又逃课了，老师找到他，告诫道："你不读书，别人怎么会看得起你呢？看不起你的原因，不就因为你是背榜生吗？如果你考前几名呢？你知道牛顿吗？他也生长在农村，到城里念书时成绩也不好，同学都欺负他，瞧不起他。一次，一个成绩名列前茅的同学还故意把他打得趴在地上——他凭什么？不就是成绩比牛顿好、身体比牛顿壮吗？别看平时牛顿不敢惹他，这回可不一样了。只见牛顿猛地翻身跳了起来，将那个打他的同学逼到了墙角。那个同学一见牛顿如此勇猛，不由得害怕了，只得认输，从此再也不敢欺负他了。从这件事上，牛顿得到了启发，只要有骨气，肯拼搏，就能取胜。从此他努力学习，终于取得全班第一名的好成绩。"老师在一系列的反问中，苏步青第一次听到了一位大科学家奋发图强的事迹，这无疑使他的心灵受到极大的震动。从此他不断地发奋学习，终于使自己的学习成绩得到根本的改变。

心理学研究表明，当一个人处于愧疚、自责、害怕、焦虑等情绪中时，较易接受劝说信息。因此，说服者应设法通过具体生动的现身说法，帮助说服对象。再以利害关系的强烈对比等方法去感染和警示对方，使他悔悟。那些实惠观念很强的人，理难服他，情难动他，但是，如果你能把其中的利害关系给他剖析得明明白白，他一定会仔细考虑你的意见，因为趋利避害是人的本性。

有个出租车女司机在夜晚时把一个男青年送到指定地点时，对方突然掏出尖刀逼她把钱都交出来，她装作害怕地交给歹徒300元钱说："今天就挣这么点儿，要嫌少就把零钱也给你吧。"说完又拿出20元找零用的钱。见"的姐"如此爽快，歹徒有些发愣。"的姐"趁机说："你家在哪儿住？我送你回家吧。这么晚了，家人该等着急了。"见"的姐"是个女子又不反抗，歹徒便把刀收了起来，让"的姐"把他送到火车站去。见气氛缓和，"的姐"不失时机地启发歹徒："我家里原来也非常困难，咱又没啥技术，后来就跟人家学开车，干起这一行来。虽然挣钱不算多，可日子过得也不错。何况自食其力，穷点儿谁还能笑话我呢！"见歹徒沉默不语，"的姐"继续说："唉，男子汉四肢健全，干点儿啥都差不了，走上这条路一辈子就毁了。"火车站到了，见歹徒要下车，"的姐"又说："我的钱就算帮助你的，用它干点儿正事，以后别再干这种见不得人的事了。"一直不说话的歹徒听罢突然哭了，把300多元钱往"的姐"手里一塞说："大姐，我以后饿死也不干这事了。"说完，低着头走了。

人类是感情动物，每个人都希望得到他人的尊重和爱护。每当受到了他人的关心，随之便产生了感恩之情，就很容易地接受说服者的意见和建议。说服不是压制，心理学上有"对抗理论"，人们都喜欢自由支配自己的活动，而不愿听从他人发出的强硬的命令。鉴于这种心理的存在，在说服他人的时候，一定要充满感情，至少要用商量的语气，以保证不伤对方的自尊，这样才利于取得良好的说服效果。

设身处地，说服时要站在对方的立场上

很多双输者的教训都是当事人一味地打自己的算盘，寸土不让，结果导致两败俱伤。而要想实现双赢，方法其实很简单，就是站在别人的立场想问题。

琼斯是芝加哥一位富有的慈善家，他把大量的时间和金钱都花在心脏病的研究上，这是他最热心的一桩事业。国会参议院的一个委员会正在就建立全国心脏病基金会的可能性进行调查，要求琼斯到会作证。为了准备发言，他请教了一些最优秀的专家。民间的心脏病研究组织配合他的工作，为他准备了递交给参议员的呼吁书和简明翔实的文件。

当他带着准备好的发言材料去出席听证会时，发现自己被安排在第六个发言作证，前五人都是医生、科学家及公共关系专家，这些人终生从事这方面的工作，委员还会对他们每个人的资格一一加以盘问，甚至会突然问道："你的发言稿是谁写的?"琼斯看出，缺乏医学专业知识的议员，对专家们内容高深的演讲半信半疑。轮到琼斯发言了，他走到议员们面前，对他们说：

"先生们，我准备了一篇发言稿，但我决定不用它了。因为我不能同刚才已发表过高见的那几位杰出人物相比，他们已向你们提供了所有的事实和论据，而我在这里，则是要为你们的切身利益而呼吁。你们是美国的优秀分子，肩负重大的责任，决定美国的沉浮，现在你们

正处于生命最旺盛时期，处于一生事业的顶峰，你们日夜为国家呕心沥血，工作十分紧张和辛劳。正因为如此，你们的心脏最有可能受到损害，你们最容易成为心脏病的牺牲者。为了你们自己的健康，为了你们家庭中时常祈祷你们安康的妻子和儿女，为了千千万万个把你们送进这个大厅的选民们，我呼吁和恳请你们对这个议案投赞成票！"

琼斯面带感情，慷慨陈词，一口气说了三个小时，议员们被彻底地征服了。不久全国心脏病基金会就由政府创办，琼斯成为首任会长。

琼斯站在议员们的立场上，直接指出了心脏病对议员本身的威胁，使对方不得不通过这项有利于自身的法案，这是这篇演说词成功的关键。

有一位先生，辛辛苦苦积攒了十几年，终于买得一块理想的地皮，并着手修建房屋。他整天都笑逐颜开，在城市里生活，谁不想拥有一栋属于自己的房子呢？谁知事情发生了变化，他突然接到公司的命令，要他到欧洲某个国家主持分公司的工作。这下他乱了阵脚，简直不知道该如何是好。

他想去又放心不下正在动工的房子，想留下又怕影响自己的事业，真是左右为难。不过，他很快就拿定主意，立刻与建筑公司取得联系，通知对方要停止后续工程并解约。

建筑公司负责人认真地听了他的理由，然后从容不迫地说："哦！这确实是件大事，事情既然这么突然，那就得尽快解决。不过，先生，我想提醒你一句，建造这样一栋房子，是你这一生中的一件大事，或许你一生就只修建一次房子，况且工程都已经过半，停工将会有很大的损失，是否应该考虑清楚后再做决定呢？"

那位负责人的话似乎在说，这件事如果处理不当，将会影响自己的一生，千万不能因眼前的某件事而改变终身长远的计划。

本来已经决定解除房屋修建契约的人，最终放弃解约的念头。

这位建筑公司负责人是说话高手中的高手，虽然短短几句话，却深藏着高明的策略在其中。

首先，他先站在对方的立场想，这么一来，对方在心理及认知上，就会把他当成同路人。

接着，他强调盖房子不是开玩笑的，每个人一生或许就只有一次机会盖房子，千万不能儿戏。

再者，他又回到现实，强调如贸然停工，费用上有极大的损失；综合这两个重要且不利于当事人的结果，再下结论，请当事人三思而行，自然会让对方心中一震，如大梦初醒，心中感激这位老板，要不然他可能就做错了决定。

一位哲人说过：婚姻没有你赢我赢，只有双赢或双输。不光是婚姻，在人生的其他方面，这句话同样有效。很多双输者的教训都是当事人一味地打自己的算盘，寸土不让，结果导致两败俱伤。而要想实现双赢，方法其实很简单，就是站在别人的立场想问题。这是一种逆向思维，需要拿出过人的眼光、勇气及大度的心胸，还要做好舍己为人的准备。

很多时候，如果我们及时调整心态，站在对方的立场思考问题，就会转被动为主动，迅速博得谅解与认同。实践证明：对善于"投桃"的人，现实总会对他"报李"，从而化腐朽为神奇。

第九章

情商是骨子里的教养，不是表演

——职场交流，比你以为的还重要

讨价还价不难启齿

在谈及薪酬时，不要以为面试官第一次所报出的数目就一定是他们决定付给你的最终价格，如果觉得不满意，不妨适当表达自己的意见。

在中国人的传统思想里，谈钱是一件很俗气的事，尤其是在求职面试这样的情景之下，开口谈钱更是一件令人左右为难的事。主动问吧，怕被人看成是斤斤计较，只顾追求金钱利益的人，弄不好还要得罪招聘方；不问吧，自己心中又过不去，万一等到最后才发现薪酬低得令自己难以接受，岂不是竹篮打水一场空？很多大学生在求职面试时由于缺乏社会经验，对于用人单位提出的薪酬要求更是讳莫如深，难以启齿，通常支支吾吾半天仍是词不达意。但是如俗话所说："谈钱很俗气，但是很实际。"工作的最终目的也是为了生存生活，薪酬问题也并不是一个那么潇洒的、无关紧要的问题。

我们必须明白在求职过程中，求职者总是要面临薪水问题的，总免不了有一场讨价还价。有经验的求职者，把讨价还价同展示自己的智慧与实力有机地结合起来，通过谈判，既争取了预期的待遇，又展示了自己的能力，可谓是一举两得。

但是，目前有一种说法，即在择业过程中，最好不要问自己的薪酬，否则可能引起招聘者的反感。甚至有的人事经理更加绝对地说，如果应聘者主动问薪酬，我肯定让他走人。

这就给应聘者出了一道难题。其实，问题的关键并不在于该不该问薪酬，而在于你问这个问题要把握好什么时间、什么地点和怎样发问。

在人才交流会上，当你递交应聘资料时，可以不失时机地问一声：这个岗位的收入大约是多少？由于交流会人多嘴杂，招聘者忙得焦头烂额，很可能在不经意中露出真相。如果他不愿回答甚至有些反感，由于此时乱哄哄的，他也不大可能耿耿于怀地记住你。

但正式面谈时又另当别论了。情况要比这种时候复杂些。

一些求职者，尤其是应届毕业生，初次面对求职，由于不知道如何回答薪酬问题，常常对于招聘方提出的此类问题讳莫如深。如果招聘方是在面试初期提出这个问题，通常可能是对你的试探，千万不要轻易开口，最好的回答是："我很愿意谈论这个问题，但是能不能先请你谈一下工作内容？"或者说："在你决定雇用我、我决定在这儿工作之前讨论这个问题还为时过早。"大多数情况下，这样的说法都是得体而奏效的。

但在面试后期，即使你一再避免谈及薪水，也仍然会有面试官要求你正面回答这类问题。这时，你就要有技巧地回答。

薪酬问题一定要说，但是说多少呢？这时的难题是：要价太高，会"吓"跑老板，让人产生"狮子大开口""自视过高"等等不够谦虚的负面印象；要价低，则很可能将来进了公司发现跟自己同等职位的同事们都比自己拿得多，觉得委屈不说，往往还会影响工作的热情，吃哑巴亏。因此，这个时候给自己"算"出一份合理的薪水是很重要的，那么，究竟该怎样算出自己的"定价"？

一般来说，大多数职位在市场中都会有一个比较公认的薪酬价格，当然，这些行情价也会因公司的性质、规模大小、行业的不同等而有不同的弹性。比如，同是文员，外企和中小型公司相比，薪酬就会相差很远。因此，在求职前你首先需要做的就是把你要应聘的职位在同等类型、规模的公司里的行情价打探清楚。

行情价只是大致标准，弄清楚后，你要做的就是考虑怎样去讨价还价，为自己争取尽可能多的利益。在这里面，你所应聘职位的可替代性大小在很大程度上决定了你讨价还价的资本有多少。职位可替代性越小的（一般来说都是偏于技术性、技能性等方面的工作），还价的资本就越高，你也就可以放心地提出自己的要求。如果是可替代性大，没了你谁都能干的那一种，则劝你还是少还价或是别还得太厉害为妙。另外，职位越高的工作，还价允许的幅度也就越大，反之，则越小。

工作经验和学历在不同的行业、公司里也有不同的分量。如果你要应聘的是管理方面的工作或是技术工种的工作，那么你拥有的工作经验将是非常重要的，这也会极大地影响你可能会得到的薪酬。至于学历，则要看你的工作对学历的要求度是多少。一般来说在大公司里，高学历被认为代表着高素质，学历当然比较重要。而对于一些小公司来说，也许他们更情愿要一般的实干型人才。所以，自己的经验和学历值多少，在定位的时候还得掂量掂量，做到心中有数。

薪酬定位明确以后，还要学会讨价还价。

涉及工资时，应坦然地与主考官交谈，说出自己的要求，只要工资要求合理，就不会改变自己在主考官心目中的印象。

在谈及薪酬时，不要以为面试官第一次所报出的数目就一定是他们决定付给你的最终价格，如果觉得不满意，不妨适当表达自己的意见。求职时关于薪酬的讨价还价不仅是对自身利益的捍卫，甚至可以反映求职者的智慧、才识以及对行业的熟悉程度。

　　一般情况下，招聘单位很少会给你超过你最初提出的薪水数目。因此，谈判时则应注意避免自己先主动亮出底牌，而应让面试官先报出他想给的薪酬，后发制人，才有回旋余地。如果对方报出一个合乎自己意愿的数字，也不要喜形于色，沉默一下，显得像是对这个数字不感兴趣的样子，然后在面试官报出的价格上提高15%~20%，并再次强调自己拥有的一些特殊资格。但如果你发现他们的第一次报价就是唯一，可以略为沉吟，再落落大方地表示可考虑先接受下来试试。

　　在谈判过程中，如果用人单位坚持让你先开价，可以以一些该职位的通常薪资是怎样的为铺垫，再告诉其一个大致的薪酬范围。真正有诚意的用人单位都明白，只有提供了合理的薪金，才能调动员工的积极性，留得住人才。理想的薪酬数，应是用人单位和求职者双方都能接受的，而求职者应表现一定的灵活性。

　　总结起来，面试谈到薪酬问题有几个注意点：

　　（1）切勿盲目主动提出希望得到的薪酬数目。

　　（2）尽可能从言谈中了解，用人单位给你的薪酬是固定的还是有协商余地的。

　　（3）面试前设法了解该行业薪酬福利和职位空缺情况。

　　在协商过程中，如果用人单位要你开价，可告诉其一个薪酬幅度。如他一定要你说出个明确数目，可问他愿意付多少，再衡量一下自己能否接受。

　　工作谈判不能像其他谈判那样，一味设法提高对方开出的条件，而对方就只顾压低你的价钱。把原来和谐的气氛弄成敌对的局面，这对你实在没有好处。

　　谈判一旦出现僵局，不妨把话题转移到有关工作的事情上。例如，对方有心压低你的薪酬，就可将话题转移到你上任后有何大计，如何扩大市场占有率和如何降低产品成本等，那样原来紧张敌对的状态，很快便会变成同心协力的局面。

谈薪酬的时候，不一定只拘泥于薪资本身。不妨在谈的过程中强调薪水和你应聘职位的关系。让招聘官听到的不光是你说的那个数目，而且还对你的回答留下如下的印象：薪酬是重要的，但你更在乎的是职位的本身，你喜欢的是这份工作的内容和挑战；你所报出的数目是因为后顾无忧的待遇将更能让你在职业安全的条件下发挥自己，为公司带来更大的效益。

如果你是个有一定工作经历的人，则不妨提一下以前的工作薪水，这样很容易给面试公司一个比较明确的参考答案。当然，前提是你先让招聘官相信你所有的技能、经验契合这个职位并且值这么多钱。

如果受公司预算限制，甚至比你现有或以往的薪水还要少。只要你认定这是一份理想工作，不妨暂时不谈薪水。待对方认定你是最佳人选，再尝试以职位及工作为由，多要求些福利津贴。例如若想要求提高公务开销，你就应说以往工作顺利，全因频频与客户交际应酬，从而提出担心公务开销不够，雇主也会乐于增加这方面的津贴。

扬长避短地回答考官问题

对于别人当面评价你的缺点或短处时，你也可以淡化缺点，避而不谈，去转向其他的优点。

金无足赤，人无完人，当招聘方提到你的短处时，如果你想刻意掩饰，尤其是那些显而易见的短处，恐怕会招致反感。最好的办法就是"这壶不开赶紧提那壶"，扬长避短，不是完人但可以尽量向完人靠拢。

有面试经验的人通常坦然承认自己的缺点，但他们很有技巧，在谈起这些缺点时，模糊掉这些缺点所带来的弊端，将缺点过渡为优点。例如：

当求职者的简历上有明显的留级记载，他可以这样提及这件事：

"你为什么留级过一年？"主考官这样问，求职者可以这样回答："我也觉得留级一年很不应该，当时我担任社团的负责人，全身心投入到社团活动上，反而忽略了自己当学生的本分，等我察觉到这个错误时，我已经留级了。虽然我花在社团的心血，也带给我不少的收获，可是一想到自己因此而留级，就觉得很可耻，我一直都为此事耿耿于怀，更不愿重蹈覆辙。"

首先，他给主考官留下了一个主动承认错误，知错就改的形象，其次主考官听了他的回答后会认为虽然留级一年，但造成这种结果的原因却是带有良性的，他会猜测该求职者的社交、组织能力很不错。由此，该求职者实现了缺点到优点之间的平稳过渡。

在某公司应聘部门经理的面谈中曾有这样一段对话：

问："你不认为自己做这项工作年轻了些吗？"

答："我已经23岁了，事实上，下个月我就23周岁了。尽管我没有相关的工作经历，但我却有整整两年的领导校学生会的工作经验。前年年初，我被推选为该年度的校学生会主席，之后又连任一年。你们可以想象，管理组织3000名学生，并非易事，没有一定的管理才能和领导艺术，是无法胜任的。所以，我认为，年龄固然能说明一定的问题，但个人的素质和能力更为重要。因为这正是作为一个部门经理所不可缺少的。"

这是一种典型的扬长避短式的回答。答者极力宣扬个人的长处，并把自己的长处同应聘的工作有机地结合起来，意在变不利为有利。

面试中经常会被问一个问题，那就是"你认为自己最大的弱点是什么？"

这是一个棘手的问题。如果照实回答，你可能会毁了工作；如果回答没有什么缺点又实在不能令人信服。招聘官试图使你处于不利的境地，观察你在类似的工作困境中将做出什么反应。

完满的回答便是用简洁正面的介绍抵消缺点本身带来的不良效果。请记住以下几个原则：一是不宜说自己没什么缺点。二是不要把那些明显的优点牵强地说成缺点。三是切勿不经思量地说出那些严重影响所应聘工作的缺点。四是不宜说出一些令人不放心、不舒服的缺点。五是可以说出一些对于所应聘工作一些表面上看是缺点，从工作的角度看却是优点的缺点。

巧妙地运用以上的说法，便能漂亮地解决这个棘手的问题。例如："朋友们都说我做事情过于追求完美，以至于有些吹毛求疵。记得学校校庆时我负责宣传板报的制作，返工了4次，被和我做搭档的同学埋怨了好久。"这样的回答，说的虽是自身的缺点，但却表现了正面的效果，体现了你对工作的认真和负责。

一个人有缺点并不可怕，可怕的是不敢承认它、改正它，反而对此强词夺理。从辩证的角度看，缺点与优点是相互转化的，前提是正确地认识缺点，实实在在地改正缺点。"横看成岭侧成峰"，对缺点本身来讲，有些"缺点"对某些工作来说恰恰是优点；对有缺点的人来说，无论是消除误会，还是坦然承认，都会使消极评价转化为积极的评价。

自我介绍有说法

自我介绍并不是随心所欲地进行的，一个良好的、恰到好处的自我介绍能给主考官留下深刻的印象，反之则会让你的面试一开始就一塌糊涂。

求职面试时，招聘者手中往往拥有许多求职履历表，这里面的应聘者个个实力雄厚，所以招聘者想知道你和别人相比有什么独到之处。在能力相同的情况下，那些求职者之所以能够成功，关键在于他们在作自我介绍时的出色表现。

自我介绍并不是随心所欲地进行的，一个良好的、恰到好处的自我介绍能给主考官留下深刻的印象，反之则会让你的面试从一开始就一塌糊涂。自我介绍是有讲究的，可以从以下几个方面来着手。

1. 彬彬有礼

在作介绍前，要先对主试官打个招呼，道声谢，如："经理，您好，谢谢您给我这么好的机会，现在，我向您做个简单的自我介绍。"介绍完毕后，要注意向主试官道谢，并向在场面试人员表示谢意。

这能给主试官留下很好的印象。没有人会拒绝谦恭的态度。

2. 主题明确

在作自我介绍时，最忌漫无中心，东扯一句西扯一句，或者陈芝麻烂谷子事无巨细都一一详谈，让人听了不知所云。求职面试中的自我介绍宜简不宜繁，一般包括这些基本要素：姓名、年龄、籍贯、学历、学业情况、性格、特长、爱好、工作能力和工作经验等等，对于这些不同的要素该详述还是略说，应按招聘方的要求来组织介绍材料，围绕中心说话。假如招聘单位对应聘的人的工作能力和工作经验很重视，那么，求职者就得从自己的工作能力及经验出发作详细的叙述，而且整个介绍都是以这个重点为中心。

3. 让事实讲话

在自我介绍中，要尽量避免对自己做过多的夸张，一般不宜用"很""第一""最"等表示极端的词来赞美自己。在面试场上，有些人为了让面试官对他留下深刻的印象，往往喜欢对自己进行过多的夸张，如"我是很懂业务的""我是年级成绩最好的一个"，总是喜欢带着优越的语气说话，不断地表现自己。其实，如果对自己做过多的夸耀，反而会引起面试官的反感。

谈论自己的话题，应尽可能避免一些夸大的形容词，把话讲得客观真实，尽量用实际的事例去证明你所说的，最好用真实的事例来显露你的才华给面试官。

4. 愉快自信

谈自己、推销自己本来是可以谈得很好的话题，但是许多人却在推销自己上缺乏勇气，这或许是怕引起别人反感的缘故。而在平时生活中也常常听他们说："我有什么好说的。你们天天不都看见了吗？"这就使他们养成从不自我评价、自我展示的习惯，可到了要谈论自己时，免不了有些难以启齿。

范萍萍去面试，整个过程，她的声音都如蚊蝇，特别是谈到自己时，更显得羞于张口。后来她打电话给公司秘书，公司秘书非常为难地告诉她，面试官说，你那么小的声音，显得对自己不自信，缺乏活力，也缺乏必要的应酬能力。范萍萍拿着电话哭了起来。

5. 好牌留到后面出

当你有了不起的业绩时，或者你有足够的资历经验能胜任这项工作时，不要在"自我介绍"中和盘托出、暴露无遗，要给自己留一手，一开始就说出"伟大业绩"会给人自吹自擂的感觉，引起人反感，留在后面说，会给人以谦虚诚实的印象，使面试官对你格外地刮目相看。

最后要提出注意的是，我们必须学会"瞬间展示法"，因为现在许多企业特别是外资企业和合资企业，都喜欢采用"一分钟录像"的办法来选择人才。所谓一分钟录像，就是只给应聘者一分钟的时间，让他们利用这短暂的时间来介绍自己，同时录像，然后拿给招聘者观看。

如果招聘单位使用"一分钟录像"的方法录用人员，那么求职者在一分钟的时间里，如何充分地表现自己，如何更多、更好地让对方了解自己，便成了求职成功的关键所在。因而，要求应聘者必须在短短的一分钟内，最有效、最充分而又最简洁地表现自己，从而获得求职成功。这种策略称为"瞬间展示法"。

"瞬间展示"法的求职技巧主要包括以下两个方面：

其一，精选一分钟录像内容。由于是一分钟，时间很短，因此说话内容不宜太多、太繁杂，着重讲好以下几个方面即可：

自己的简历、家庭状况；

自己的专业、主修的课程；

所曾担任过的社会工作；

对自己未来工作的简单设想；

应聘的态度；

自己的抱负和理想。

其二，一分钟内注意的事项：

在服装方面要着意打扮一下，衣着整洁，将会给人一种美的感觉，也是社交活动所必备的。

切忌蓬头散发，不修边幅。

镇定自如，不要紧张。

礼仪周全。开始时，先要说声"您好"，然后再作自我介绍，最后不要忘了说声"谢谢！"

内容要简单精练。

说话声音要高低适中，吐字发音要清楚。

在作自我介绍时，有一些应聘者常犯的毛病在这里我们特别提出来强调，希望大家注意：

1."我"字连篇

千万不要以为"自我介绍"最应该用上的字是"我"字。当面试官说："谈谈你自己吧！"一名应试者十分巧妙地回答："您想知道我个人的生活，还是与这份工作有关的问题？"他把应该用"我"字打头的话，变成"您"字打头。

老把"我"挂在嘴边的人，易使人反感，受人轻视，被认为是强迫性的自我推销。所以，要经常注意把"我"字变成"您"字。"您以为如何呢？""您可能会惊讶吧？""您一定觉得好笑。""您说呢？"把"自我介绍"变成一场你与面试官之间沟通的谈话。

2. 空泛无物

许多人往往急于介绍自己，推销自己，却因为讲话空泛无物，而引起面试考官的怀疑。

吴小京去某报社应聘业务主管，主持面试的负责人问他："你日常的兴趣是什么？"他说是爱看书。主试官问："你爱看什么书？"吴小京回答说："爱读西方经济学著作。"主试官又问："主要是哪些著作？"吴小京搜肠刮肚偏偏一部著作也想不起。其实他的确读了一些，只是时间太长了，近日根本没有摸过这类书，一时想不起书的名字。吴小京满以为可以把自己塑造成爱读书、学识渊博，有能力胜任主管工作的人，但由于介绍不"畅"，反而给主考官留下了爱吹牛皮的印象。面试结果，他没有收到聘用通知。

3. 说话不留后路

自我介绍最忌吹嘘，夸海口。大话一旦被拆穿，面试很难再进行下去。

小张去面试一家国际旅游公司的导游，他自我介绍说："我这个人喜欢旅游，熟悉名胜古迹，全国的大城市几乎都去过。"面试官很感兴趣，就问："你去过杭州吗？"因为面试官是杭州人，很熟悉自己的家乡。可惜小张偏偏没去过杭州，心想若说没去过这么有名的城市，刚才那句话不是瞎吹吗？于是硬着头皮说："去过！"面试官又问："你住在哪家宾馆？"小张再也答不上来，只好支吾说："那时没有钱，只好住小旅馆。"面试官又说："杭州的名小吃你一定品尝过？"小张照样说："那时没有钱，就一心看风景，没有去吃小吃。"面试官偏偏只问关于杭州的事，小张语无伦次，东拉西扯，答非所问，最后终于不能自圆其说，谎言被当场识破，令主考官十分反感，面试一败涂地。

谨慎回答离开"老东家"的原因

对你的前任上司切不可妄加评论，要知道现在招聘你的考官可能就是你未来的上司，既然你可以在他面前说过去的上司不好，难保你今后不在上司面前对他说三道四。

"你为什么离开前职？"主考官心里有数，知道许多人是因为讨厌上司而辞职不干的；他们自己也可能因为同一原因换过几次工作。但是没有多少雇主喜欢听这种话。

惠普公司的副总裁麦克·李弗尔说："我想不通为什么有些人希望我录用他，却又去谈他和上司有冲突。那等于拉起了警报。"

你为什么要换工作？对于这个问题，主考官希望听到的是审慎的自我分析。洛杉矶的招募员霍华德·尼奇克告诫说："不要说：'我想试一试另一份工作。'我听了会这么想：'此人自己的方向都没搞清楚。'"你应该说，以你的能力、个性和志向，做这新工作更适合，或者说，你想"添加"一些能助你取得更大成就的新经验。

例如："在原公司销售科工作了两年后，我学到了许多有关营销方面的知识。现在，我想学点儿别的"，或者"现在，我想学点儿新东西，而贵公司则是我最中意的"。不过，要是你确实因与老板发生冲突而被解聘，那么，你最好主动把事情原委告诉他们，而不要让他们先问你。话要说得既明确又有艺术性。例如："在管理形式方面，我和原公司的一位新金融主管存在着分歧。不过，我们双方对此表示理解。"

总之，有很多敏感原因不可以随便说，必须考虑周全。

关于领导层频频换人给你的工作带来了不便这样的原因，也不可直接脱口而出。工作时间，你只管做自己的事，领导层中的变动与你的工作应该是没有直接关系的。你对此过于敏感，也表现了你的不成熟和个人角色的不明确。

如果你是因为前单位薪水太低并如实相告，面试考官一定认为你是单纯地为了收入，而且太计较个人得失，并且会在心里说："如果有更高收入的单位，你肯定会毫不犹豫地跳槽而去的。"这种理念一旦形成，考官就可能对你不理不睬。

刘翔原在一家效益较差的企业搞宣传工作，到现在的单位应聘时，考官便问他："你是不是觉得原来收入太少，才跳槽过来的？"刘翔说："在原单位我的工资还算高的，关键我学的是财会专业，又有会计师职称，来应聘会计职位是最适合不过的了。"

在回答这类问题的时候，求职者既要表明你对原单位的薪金不满，又要表明这并不是你离开原单位的主要原因。这样既有利于你在新单位获得更高的薪金，又让面试考官觉得你并非只是因为薪金问题才离职的。

"你能否描述一下你离开以前所供职单位的原因？"这类问题在面试时经常会被问及，面试官能从中获得很多关于你的信息。因此，你在回答这个问题时应该集中精力。

像上班路途太远、专业不对口、结婚、生病等等人们都可以理解的因素，可以作为你回答的内容，这些因素跟你个人品质并无很大的关系，容易让主考官接受。

说别人爱听的话让别人打心眼儿里高兴

说让别人爱听的话，让别人打从心眼儿里高兴，才能达到捧场的目的。

很多人都对赞美话不屑一顾，认为没有必要或者很庸俗。但是我们不要忘记，赞美从另一个角度上是对人的肯定，是对人的信心的培养和尊重的表达。

卡耐基曾经说："我们滋养我们的子女、朋友和员工的身体，却很少滋养他们的自尊心。我们供给他们牛肉和洋芋，培养精力；但我们却忘了给他们可以在记忆中回想好多年像晨星之音的称赞。"要得到对方的倾心，最有用的方法是通过自己的语言或行为使对方高兴。

说话一定要看对象，要根据说话对象的不同情况来确定自己说话的方式。如果对方是一个豪爽的人，那你说话就应该豪爽一点儿；如果对方是一个内秀的人，你说话就应该文明一点儿。

每一个人都有自己的爱好、自己的风格，如果我们在说话的时候能够抓住对方的喜好，说别人愿意听的话，就能够起到很好的交流效果。所以首先要了解对方的为人和爱好，在张口说话前一定要注意观察，循序渐进地进行交流。

说赞美话还要看当时的情况。赞美话一定要选好合适的词语，掌握"度"永远是最重要的。只要赞美话让人家受用，自己的目的也能达到。

赞美话不要忘记倾听，听别人谈话本身也会使对方高兴。在听对方说话的时候应该适当地点头，表示出你对对方的谈话饶有兴致，而且还要适时地夸奖对方。

察言观色是捧场的基本功

懂得察言观色的人才能从对方的一言一行中猜测到对方的真正意图，进而说出打动对方的捧场话。

汉元帝刘奭上台后，将著名的学者贡禹请到朝廷，向他请教国家大事，这时朝廷最大的问题是外戚与宦官专权，正直的大臣难以在朝廷立足，对此，贡禹不置一词，他可不愿得罪那些权势人物，只给皇帝提了一条，即请皇帝注意节俭，将宫中众多宫女放掉一批，再少养一点儿马。其实，汉元帝本来就很节俭，早在贡禹提意见之前已经将许多节俭的措施付诸实施了，其中就包括裁减宫中多余人员及减少御马，贡禹只不过将皇帝已经做过的事情再重复一遍，汉元帝自然乐于接受，于是，汉元帝便博得了纳谏的美名，而贡禹也达到了迎合皇帝的目的。

察言观色是捧场的基本功。要注意观察，从对方的一言一行中猜测到对方的真正意图。

唐高宗李治将要立武则天为皇后，遭到了长孙无忌、褚遂良等一大批元老重臣的反对。一天，李治又要召见他们商量此事，褚遂良说："今日召见我们，必定是为皇后废立之事，皇帝决心既然已经定下，要是反对，必有死罪，我既然受先帝的嘱托，辅佐陛下，不拼死一争，还有什么面目见先帝于地下！"

李勋同长孙无忌、褚遂良一样，也是顾命大臣，但他看出，此次入宫，凶多吉少，便借口有病躲开了；而褚遂良由于面折廷争，当场便遭到武则天的切齿斥骂。

过了两天，李勋单独谒见皇帝。李治问他："我要立武则天为皇后，褚遂良坚持认为不行，他是顾命大臣，若是这样极力反对，此事也只好作罢了。"

李勋明白，反对皇帝自然是不行的，而公开表示赞成，又怕别的大臣议论，便说了一句滑头的话："这是陛下家中的事，何必再问外人呢！"

这句回答真是巧妙，既顺从了皇帝的意思，又不会给其他大臣制造攻击他的机会。

让上司心里舒坦的捧场技巧

上司与下属之间的关系是十分微妙的。他们既是一种管理与被管理的关系，又是友好合作的伙伴关系。必要的时候，运用幽默的捧场技巧让上司笑一笑，这样既可以赢得上司的好感，同时也有利于工作的顺利进行。

上司与下属之间的关系是十分微妙的。首先这是管理与被管理的关系，但是除此之外，双方还应该建立友好合作的关系。作为一个下属，在恰当的时间、场合，和上司开一个玩笑，有利于维护你同上司的关系。

"伴君如伴虎。"在与上司相处时一定要保持合适的距离，距离太远了不好，距离太近了也可能会很糟。

怎样才能获得上司的好感呢？这是很多人都在思索的一个问题。很多人拼命工作，可是却得不到上司的赏识，这确实是有点儿冤枉的。那么，怎样才能脱颖而出呢？或许你可以试试在上司面前化严肃为幽默的交流方法。

上司不论身居什么样的要职，也是人而不是神，他一样会有普通人的喜怒好恶，也可能在个人喜怒好恶的支配下说出一些令人尴尬的话，做出一些有可能招致他人误解的举动。此时，下属应抓住人们对上司错误言行不解的心理，采取适当的举动顺水推舟，把上司无意说出的过于直白、犀利的话向幽默的方向引导，使人们认为上司在开玩笑，从而放松紧张的情绪。这就让上司觉得你是和他站在一边的，你自然也就获得了上司的赏识和信任。

把上司的想法"看"在眼里

适当的察言观色，适当的说话技巧能让你更有可能在职场里出类拔萃。

一个善于察言观色的员工，一定善解人意，机灵乖巧。能了解上司在想什么、需要什么，什么事情都逃不过他的眼睛。这是一种沟通上的优势，有了这种优势，可以洞察先机，知道上司的想法，觉察上司心中的取向，在心里有所准备；也可以对上司的反应，妥善安排自己的进退应对，把话说在适当的时机；发现上司不悦，及时煞车，避免沟通恶化，随机应变，事情就不会搞砸了；随时留心上司的脸色，适可而止地指责，让对方有个台阶下。这样子的沟通，一切都掌控在自己的手中，你在职场办公室中就会一帆风顺，万事俱备了。

李续宾是曾国藩手下善于揣测其意图的爱将。一天，曾国藩召集众将开会，谈到当时的军事形势时说："诸位都知道，洪秀全是从长江上游东下而占据江宁的，故江宁上游乃其气运之所在。现在湖北、江西均为我收复，仅存皖省，若皖省克复……"此时，李续宾早已明白曾国藩的意图，趁势插嘴道："涤帅的意思，是要我们进兵安徽?""对!"曾国藩以赞赏的目光看了李续宾一眼，"续宾说得很对，看来你平日对此已有思考。为将者，踏营攻寨计算路程尚在其次，重要的是要胸有全局，规划宏远，这才是大将之才。续宾在这点上，比诸位要略胜一筹。"

李续宾一句话赢得了这么高的赞扬，实在是高明之举。因此，适当的察言观色，适当的说话技巧能让你更有可能在职场里出类拔萃，以下的办公室常用句型，不但能帮你化危机为转机，更可以让你成为上司眼中的得力助手。

1. 传递坏消息时

句型："我们似乎碰到一些状况……"

你刚刚才得知，一件非常重要的工作出了问题，此时，你应该以不带情绪起伏的声调，从容不迫地说出本句型，千万别慌慌张张，也别使用"问题"或"麻烦"等字眼，要让上司觉得事情并非无法解决。

2. 被传唤时

句型："我马上处理。"

冷静、迅速地做出这样的回答，会令上司直觉地认为你是有效率、听话的好下属。

3. 闪避你不知道的事时

句型："让我再认真地想一想，三点以前给你答复好吗？"

当领导问你某个与业务有关的问题，而你不知该如何回答时，千万不可以说"不知道"，可利用本句型暂渡危机，不过事后应做足功课，按时交出你的答复。

建立好人缘，做个"人见人爱"的好同事

与同事建立良好的合作关系十分重要，但在日常工作中，有不少人对怎样处理好同事之间的关系感到束手无策。其实，做个"人见人爱"、受人欢迎的好同事并不难，不妨从以下几个方面入手：

1. 向老同事学习

那些比你先进公司的同事，相对来说比你积累了更多的经验，有机会不妨听听他们的见解，从他们的成败得失里找到可以借鉴的地方，这样不仅可以帮助自己少走弯路，还能让他们感受到你对他们的尊重。尤其是那些资历比你长，但其他方面比你弱的同事会有更多的感动，而那些能力强的同事，则会认为你善于进取，更会乐于关照并提携你。

2. 乐于帮助新同事

新到的同事对手头的工作还不熟悉，当然很想得到大家的指点，

但是会心有怯意，不好意思向人请教。这时，你如果主动伸出援助之手，往往会让他们由衷地感激你，并且会在今后的工作中更主动地配合和帮助你。切不可自以为是，不把新同事放在眼里。

3. 用自己的性别优势关心异性同事

尽管只是同事，并不是在家里，但每个人都渴望得到同事们的关心和理解，若能发挥自己的长处，对异性同事多些关心和帮助。如男性多为女同事分担一些她们觉得较为吃力的事，女性则多做一些要求细心的工作，多为办公室的环境美化做些事，这并不难，效果却很好，对方会将你视为可以信赖的好同事。

4. 适当淡泊名利

对那些细小的，不会影响自己前程的好处，多一些谦让，比如，单位里分东西不够时少分些，一些荣誉称号多让给即将退休的老同事等，再比如，与其他人共同分享一笔奖金或是一项殊荣等，这种豁达的处世态度无疑会赢得他人的好感，也会增添你的人格魅力，带来更多的回报。

如果在工作中从以上几个方面努力，那么你在同事中一定会建立起好人缘。

取得领导信任的技巧：经常保持接触

与上司之间若缺乏联系，会使双方愈来愈不信任和不尊重，更重要的是会很大地影响到你升迁的机会。

即便你与上司互不欣赏，但处处表示你的支持，多少可以赢得上司对你的尊重。多考虑以下的问题：上司最需要什么资料？怎样可以帮助他？你以往犯过什么错，将来可以避免吗？对你定有裨益。

与上司经常保持接触，以便保持良好的沟通是得以升迁的必不可少的工作。这种技巧十分微妙，给上司简洁、有力的报告，切莫让浅显和琐碎的问题烦扰他或浪费他的时间，但重要的事必须请示他。

有些时候，领导做出的决定与你的想法大相径庭，你思想上有时可能会想不通，但是，虽然有太多的疑虑，你也必须首先去执行领导的决定，因为领导的一切决策都有赖于下属的拥护和支持。你可以私下里找领导交流一下思想，了解一下领导究竟是出于何种考虑、何种目的，才做出让你如此出乎意料的决定。

许多场合、许多情况都是你了解公司意图和想法的途径。如果你对此熟视无睹，那么领导想的到底是什么，你也就无从知晓。这样一来，你就无法配合领导协调工作，也就无法完成工作任务，实现工作目标。

与领导经常保持接触，绝不是让你去奴颜婢膝地讨好他、奉承他，对他阿谀巴结，如果那样，往往不会给领导留下好印象。

为彼此的关系抹上甜美的蜂蜜

潘敏在某家塑料制品企业经营部任职。一天，经理心急火燎地过来问："杨丽呢，她的那份合同做好了没有？"恰巧杨丽出去办私事，临走时对潘敏说了一下。潘敏当时说："杨丽刚刚出去，可能上厕所了吧，您需要哪份合同？""就是与宏达塑钢窗厂签订的那份合同，越在节骨眼儿上越找不着人！"经理答道。"杨丽一会儿就回来，我先找一下。"经理走后，潘敏马上给杨丽打电话，找到了那份合同，及时给经理送了过去。关键时刻潘敏解决了难题，杨丽非常感动。此后两个人的关系非常密切，成为知己。

在工作中，一个人肯定会遇到各种各样的困难，在同事遇到困难时帮他一把，不仅播下人情，得到同事的感激，还为彼此的关系抹上蜂蜜，融洽而甜美。况且，帮助别人搬开脚下的绊脚石，有时恰恰也是为自己铺路——帮助同事即是帮助自己。在帮助别人时，任何一种努力都不会白费。帮助同事，既赢得了同事的尊重，又容易得到老板的器重，因为你在帮助同事的同时，也向老板展示了自己的能力。

在同事有困难的时候帮助他，是我们分内的事情，切不可以此作为人情记在心头，不要沾沾自喜，自鸣得意，时常将对别人的帮助挂在嘴边，这样的人，人们也不愿意接受他的帮助。也不要期望对方给你回报，否则不但加深不了感情，反而落得个"势利"的帽子。

晓庄在设计单位计算机房工作，对计算机比较精通，开始其他科室的人家里的计算机出了毛病后喜欢找他帮忙。晓庄经常对那些他曾经帮助过的人说，"×××，你还不请我吃一顿，你少花了好几十块钱呢。"有时没有饭局就直接找到他人家里，弄得他人特别反感。后来，很少有人请他去帮忙了。

同事间的相互帮助并不一定表现在工作上，有时生活中的小事也会给人留下极深刻的印象，从而改变在工作中对人的看法。

玛丽是一个单身女子，住在纽约的一个闹市中。有一次，玛丽搬了一个大箱子回家。电梯坏了，玛丽只好自己扛着箱子上8层。约翰与玛丽是同事，但玛丽平时看不起约翰，有时还冷嘲热讽。因为约翰平时没事总是不在办公室，工作很差。此时，恰巧碰上约翰，约翰想帮玛丽把箱子搬上楼去。玛丽很难为情，约翰却主动上前，将箱子搬上楼去。事后，玛丽对约翰表示感谢，并开始重新认识他。

热心帮助同事，可以赢得同事的感激。你的热心会使同事也乐于帮助你，更能为你营造一个融洽的办公氛围。

与上司说话的禁忌

与上司说话应有一定的分寸、尺度，有些禁忌是必须铭记于心的。否则，将会给你带来许多不利的后果，影响当前乃至今后的事业发展。

1. 切忌问及老板的经济收入

不少员工在和老板交谈时，常常会无意地问及老板的月收入或年收入。尽管老板的收入状况不具有很强的商业机密性，但老板还是不希望员工过多问及。

"女人不问年龄，男人不问钱财。"古训早已有之，其中的道理很浅显，因为，这种询问往往有"瓜田李下"之嫌。事实上，正像越是漂亮的女人，越不喜欢陌生人问她的年龄一样；越是富有的老板，越不希望陌生的员工问及自己的收入状况。

问及老板的收入状况必定会引起老板的反感，特别是对于那些刚刚到企业上班工作，与老板比较陌生的员工来说，就更是如此。

2. 切忌问及老板的财产

一般来说，那些合法经营的老板，无论其当前拥有多大的家产，都是他们一滴血、一滴汗，辛辛苦苦经营积攒起来的，没有什么见不得人的地方。

但是，老板并非行政官员，国家未作要求，也不必进行个人资产申报。资产申报是国家约束政府官员清正廉洁的必要措施，而老板拥有资产的多寡，往往代表着其经济实力和商业竞争能力。

不言而喻，商战中经济实力的保密是关系企业生存、老板发展的关键因素之一。

因此，一名员工在一位老板手下工作，对于老板、企业的经济实力和财产来源，切忌过多询问和议论，或者故意无中生有地乱宣传。假如你违反了这些商业竞争的禁忌，比如多次问老板或向他人问及老板的经济实力和财产来源、财产去向等有关此类的企业商情时，一旦被老板察觉，他怕你图谋不轨，你就极有可能被"炒鱿鱼"。

所以，作为一个员工切忌询问老板的财产。

3. 切忌议论老板的身体相貌

人的身体相貌，一般来说是先天决定的。任何人的身体相貌都不可能是完美无缺的。

员工在和老板交谈时，尤其要注意这个问题，切忌对老板的身体相貌品头论足。特别是不要谈论老板的身体缺陷。

比如，不要涉及老板及其配偶的健美情况；身体的高矮胖瘦；对于女老板，则不能谈论其着装的款式和化妆的效果。对此，作为一名员工，你最好的做法是：熟视无睹，权当什么也没有看见。因为，你议论他的长处、赞扬他的健美，则有可能被怀疑图谋不轨，或阿谀奉承；而议论其不够健美的地方，则又会被视为故意诋毁，或为人放肆。

因此，当与老板打交道之时，不谈论老板及其配偶的身体相貌，往往是明智之举。

4. 切忌询问老板的婚姻状况

一位法官曾经感叹道，婚姻案件是最难说得清楚的案件之一。不少人的婚姻状况往往看起来良好，实际上却存在着很多问题。幸福的、甜蜜的婚姻只不过是人们的一种追求。任何人的婚姻都有不幸福、不甜蜜的一面。但是，任何理智的人又都倾向于把自己婚姻不幸福的一面隐蔽起来，秘而不宣，这也就是人们常说的"家丑不可外扬"。

基于以上认识，任何主动询问他人婚姻状况的人，将会被对方视为不明智的人。

老板自然也不能脱离现实，他们的婚姻状况也不可能完美无瑕。事实证明，不少有作为的人，其婚姻状况往往较常人更为复杂，更难说得清楚。没有哪一位老板会主动把自己婚姻的不幸方面主动宣扬一番。因为，在世俗观念中，在竞争的环境里，有那么一些品质不好、层次较低的人，往往像苍蝇那样专门喜爱追逐他人，特别是对手的所谓"桃色新闻"和婚姻逸事，以期吊起舆论界的胃口，以将对方搞"臭"。

诚然，作为一个品德高尚的人，是绝不会拿对手的婚姻缺憾和所谓的"桃色事件"去攻击对手的。但是，老板是在商业竞争的海洋里拼命挣扎、搏击的"弄潮儿"，换句话说，任何老板都有自己公开的和潜在的商业对手。因此，为了不给对手以攻击的口实和把柄，他们又往往刻意掩饰自己的缺憾。

所以，作为下属，其最大的禁忌之一是，切不可主动询问老板的婚姻状况及其他私生活方面的情况，比如，不可问及老板爱人的性情、爱好，不要问及老板的婚姻是否幸福。有时，老板可能会有意无意地谈起自己的婚姻状态，在这种情况下，你最好是"洗耳恭听"，不要随便插嘴询问，更不要向外传播。假如，你到老板家中或在其他场合遇到老板夫妇双方正在发生争执，你绝不要出于善意，帮人家调解。正确的做法是：迅速避开。否则，可能给你造成不利。

获得领导器重的秘诀

领导始终是权威，拥有最终决策权，而你是下属，记住你的建议只能作为一种参考，好的情况被录用，不好的情况石沉大海，这都是有可能的。

把握发展的机会的最好办法就是做好老板的参谋！做好老板的参谋要从几方面着手：

1. 尊重领导意见，合理提出自己的看法

尊重领导意见，保持对领导的尊重，处处替领导着想，切不可流露出对上司意见不屑一顾的态度，一定要把谈论工作同个人的能力或尊严区别开来，时刻留意，不能把对工作的看法误当作对人的看法；也不能让对方误解，认为自己对领导本人有看法。只要上级感到，你仍然维护他的权威，你的意见是针对工作而非是借工作之名进行人身攻击，他们多半会冷静下来，仔细研究你的看法，如果合理，甚至会采纳。

"打人不打脸，揭人不揭短"。在现代社会中"面子"是很重要的，有时为了"面子"可能导致关系破裂，更有甚者会闹出人命。在公司里，如果你不顾及领导的面子，总有一天会吃亏的。经验老到的员工从不轻易地在公共场合指出领导的错误，这样既能顾及领导的面子，又能使自己得到赏识，这种双方有利的事情，何乐而不为。

要想在尊重上司的基础上，巧妙地提出可以让领导接受的建议，那你必须预先下一番功夫。

（1）请教有方，言语有度。

可别轻视这简单的请教，请教可以帮你看清你的领导，领会领导

的真正意图。

向领导请示的问题必须是关键性的，有价值的，才能更好地使上司感受和体会到自己权力的有效性。而有一些人喜欢自作主张，无论大小事，只要是领导安排的，一切包揽下来，往往在关键的地方、关键的时刻出现差错，还有一些人害怕向领导请示，害怕被领导认为没有能力，害怕被领导看不起。这些大可不必，都是多余的顾虑。

在日常工作中，要把握关键的"5W1H"，即 Who（谁）、What（事情）、Where（地方）、When（时刻）、Why（原因）、How（方式）进行请示，才能恰到好处地请示。

领会了上面的意图，那如何让领导心悦诚服地接受，那得努把力！

因此，在说明自己的想法时，要以一种能让领导更容易接受的方式，语气要温和，言辞要中肯，重要的是有分析、有根据，条理清晰，能够说服别人，不要选用那些过于肯定的词语或方式，而是要用建议的语气委婉地加以表达。用心去发现去搜集，你会随时听到："是否可采用这样的方式？""我觉得应该向您反映一些情况……""我想这样是不是会更好些？也许这些看法会对您的计划有所补充。"

（2）"抱怨"的话要有所隐藏，切忌直言不讳。

在我们平常的工作中，难免要看领导的脸色办事，领导的赞美也好，批评也好，都要当作是你应得的，这对于你的发展来说，不能说是无所谓而是大有所谓，尤其是在你接受批评的时候，如果掌握不适度，那你的前程将毁于一旦，但是过分地否定自己，那你也只能做个故步自封的老古董。那究竟如何面对老板的训斥，如何把"抱怨"的话说得天衣无缝呢？

在此，我们不是提倡个性，但是如果能够在领导面前坦诚地为自己争辩，不仅是个胆量问题，也是个技巧问题。有时候，以自我批评、直抒肺腑的方式出现，比有损领导面子的据理力争或者辩护的效果好得多。

（3）了解领导，省时又省力。

摸清了领导的脾气，办事的阻力就会减少80%，事事都尊重领导，还有什么领导不愿接受的，这不是既省时又省力嘛！作为下属，要想把自己的见解移植到领导头脑中，对领导的性格、喜好的了解是必不可少的。

在接受下属的意见时，有人喜欢白纸黑字的书面报告，有人则喜欢简短的口头报告。有些领导要求下属自己做出决定来完成任务，但有些却要求下属定时向他报告，凡事皆以他的意见为准。

多多了解你的领导，多多分析你的领导，只需动用一定的脑力就足够。

（4）时不再来，见机就要行事。

时不我待，要告诉你的是珍惜每一次成就你的机会，甚至是分秒，说不定就那么一瞬间你就获胜了。作为下属，应当把握自己进言的时机，尤其是当领导主动征询你的意见，更应当表达出自己独特的见解与主张，这样才能给自己一个发挥的机会，同时在上下级之间形成交流与共鸣。

每个人都有自尊心，这是做人的基本，尤其是对你的领导，要想给自己在事业上留条后路。请记住：领导的尊严不容侵犯。当领导理亏时要给他留下台阶，当众纠正领导是万万不能的。领导的忌讳不能冲撞。消极地给领导保面子不如积极地给领导争面子。如果发现领导有某种错误或不妥之处，可以在一对一的情况下，或下班后，以低调或不经意间婉转向他提出，但要特别注意不可过分强调，以免引起他的反感。在交谈中要时刻注意他的反应，如果他表现出满脸的不高兴，或找出各种理由极力为自己辩解、推脱责任，这时你就要立即停止，不可再三提示他的错误。如果听完你的提示，他承认自己所造成的错误或做得不足之处，并为此表示非常烦恼，你可以找出适当的借口为他开脱，使他得到心理上的安慰，这样他才会把你看作知心人。

2. 手脚要勤快，头脑要灵活，随时随处帮领导分忧解难

任何工作都不可能是一次性完成的，都可能会遇到这样或那样的挫折。作为领导，统管全局，责任重大，压力也最大，某些工作可以凭借自己的能力或以往的经验就能办成功，而有些工作则需要群策群力才能解决。这时，如果下属除了干好本职工作外，还能及时伸出援助之手，帮领导出谋划策，共同渡过难关，对于领导来说犹如雪中送炭，他肯定会十分感动的。像这样的帮助，如当商品销路出现堵塞时，积极采取办法，联系销售渠道；当上级需要某一方面的人才时，帮助物色、推荐等，都会让领导备感欣慰。

再有就是，若能帮助领导发挥其专业水准，对你必然有好处。例如，领导经常找不到需要的资料，你就替他将所有档案有系统地整理一下；要是他对某客户处理不当，你可以得体地代他把关系缓和；如果他最讨厌做每月一次的市场报告，你不妨代劳。这样，领导觉得你是好帮手后，自然会重用你，你自己也可以多积累一些工作经验。

按理说，作为领导，不应该被日常事务困扰，而要把主要精力放在组织重大决策和进行战略思考上。但现实生活中，领导却常常成了公务的"集合—分散区"，一方面忙着把上级的指示精神领回来，把下属的愿望要求带上去，另一方面，又要把这些指标和要求化作各项工作任务落实下去。大小决策要拍板，大小会议要主持，大小责任要承担，因此一年到头有开不完的会，签不尽的文件，了不断的麻烦事。

在这种情况下，有事业心、责任感的下属，不应袖手旁观，而要努力做到"该出手时就出手"，帮助领导解围。

除了在工作上帮领导解围外，对于领导周围的怨气，作为下属也应该进行一下恰当合理的疏导。

3. 勇于承担重任，不给领导增添麻烦

领导作为把握大局的舵手，不可能对任何事情都事必躬亲，他的精力也不允许他对每件事情都操心过多，更何况有些领导不便于出面，也没有必要出面，下属就应该自告奋勇，替领导解决一些棘手的问题。独当一面更多地体现在能干大事上。

4. 做好领导的"信息搜集站"

为领导提供综合性的信息，这是身为下属义不容辞的责任。由于领导主要关心的是决策问题，那么大量信息的汇集、整理、筛选与剔除就要交给下属去承担。那些善于观察体会，能够正确理解领导的意图，为其提供所需的独特的信息的下属，才会"搔痒搔到正痒处"，为领导解决关键性问题，获得领导的赏识。无疑，这会大大促进领导与下属的情感，缩短距离，建立一种和谐、默契的上下级关系。

这就决定了，搜集信息的工作，不仅要强调综合性，还要注重独特性；不仅要实干，还要巧干，这样才能抓住要点，突出重点，解决难点，真正做好工作，赢得领导的好感。

如果遇到领导没有明确指派问题，你就应发挥主观能动性，变被动工作为主动工作，去发现它，并提供相关的资料。

只要你心思细腻，善于观察与领会，是不难发现领导正在关注的问题的。你可以通过下面几个方面加以延伸，这些方面有：领导在正式场合中的讲话，对哪些问题做出了强调，领导在私下谈话里对哪些问题发表过看法，褒贬如何；领导在文件批文中作过哪些删节、改动

和指示；领导最近喜欢阅读哪方面的书籍报刊，对哪些部门的活动比较留意……这些问题有时还是尚处端倪，没有形成系统的思路和观点，你有必要加以延伸，使之成为有根有据、符合实情的东西。下属在给领导提供信息的时候还应注意本着实事求是、有利工作的原则，既给上司讲"好消息"，也给上司说"坏情况"，才便于领导全面掌握情况，正确决策。聪明的领导是会领会到部属的这种良苦用心，从正反两方面的意见中总结出正确的结论的。

5. 对领导一定要多加肯定

适当宣扬上级的优点就是对领导最好的肯定。这里的宣扬长处则是以客观事实为依据的，实事求是。对绝大多数上级领导来说，之所以能够走上领导岗位，一定是有他可以凭借的资本，否则他的上级就不会信任他，提携他，群众也不会投他一票。善于发现领导的长处，不仅有利于自己的进步，而且可以促进下属与领导关系的协调和谐。如果大家都对自己的领导的优点了如指掌，那就会更加尊重他，努力配合他的工作，而领导如果有这样的一些下属，也就不会摆架子，而会多为下属着想，关心他们的生活，那这个团体还会不上进吗？当然，无论上下都不会忽视你这个桥梁的，尤其是你的领导，会对你更加重视。

第十章

化解"抵触情绪"的话

——十句开场白套话，抵不过一句高情商闲聊

三言两语，给陌生人最好的第一印象

第一印象在人际交往中有着极为重要的意义，因此，我们要想方设法地给对方留下一个美好的第一印象。

当你来到一个陌生的环境，与素不相识的人初次见面，必定会给对方留下某种印象。这就是我们通常所说的"第一印象"。从第一印象所获得的主要是关于对方的表情、姿态、仪表、服饰、语言、眼神等方面的印象。它虽然零碎、肤浅，却非常重要。因为，在先入为主的心理影响下，第一印象往往能对人的认知产生关键作用。研究表明，初次见面的最初 4 分钟，是印象形成的关键期。

那么，怎样才能给他人留下美好的第一印象呢？从根本上说，它离不开提高自己的文明程度和修养水平，离不开进行经常的心理锻炼。心理学家提出下面几条建议：

第一，千万别表现出咄咄逼人的气势。

和陌生人第一次见面的时候，一定要表现得谦和一点儿，低调一点儿。

有一个叫李佳的年轻姑娘，她为了搞一个奥运会竞猜活动去一个企业联系赞助事宜，一进门就看到一个影视明星坐在那里。李佳跟主人没说几句，这位明星就插嘴，大发议论，结果给李佳和同去的人留下很坏的印象。

第二，尽早弄清对方的名字。

一般情况下，即将见什么人，你自己是比较清楚的。在这种情况下一定要准备好，别的可以不知道，对方的名字一定要弄清楚。我们经常在电影或者电视里看到高级领导人面对一群士兵，居然能叫出其中几个人的名字。这样一来，他给士兵的第一印象就一定是正面的。对我们一般人来讲也是如此。如果你见到一个人，能叫出对方的名字，人家一定是非常高兴的，高兴的背后则是一种积极的印象。

第三，脸上常带微笑。

很多人都知道，眼睛是心灵的窗户；微笑的核心是眼睛，真正的微笑会通过眼睛到达心灵。发自内心的微笑不但会给他人留下美好的印象，还会让自己显得风度翩翩、魅力十足。与之相反，有的人不论何时见到谁，总是面沉似水。要知道，人与人交往本是高兴的事情，谁也不愿意给自己找不痛快。如果你总是心绪不佳，那么你注定了不会给他人留下什么好印象。

第四，请用眼神沟通。

与陌生人第一次见面，特别是与异性第一次见面，千万不要老是盯着人家不放，否则很容易让人产生误解。不论是第一次见面还是第二次、第三次，与他人面对面交谈，应该用眼神平视对方，也就是用眼神说话，这样会给对方留下十分强大的印象。

第五，杜绝无用动作。

当你与别人见面时，一定要集中注意力，不要有什么小动作。如果你一边跟别人说话，一边做着各种各样的小动作，诸如搔首弄姿、整理衣服，那说明你对别人缺少起码的尊重。如果真的有什么急事，需要打电话或者发短信，可以事先告诉对方，说一声"不好意思"。相信对方一定会理解这一点。

第六，保持积极态度。

你与人交谈时的态度是可以说明很多问题的。谈论"第一印象"的人都强调拥有正确态度的重要性，可是很少有人真正明白积极态度对一个人的第一印象意味着什么。即使在特殊的情况下，你的积极态度也会对周围的人产生良好影响的。遇事冷静而不烦躁会给你加分。如果与你说话的人自始至终保持一种积极向上的态度，那么你也便会觉得好感大增、信心百倍呢。

第七，主动跟对方打招呼。

俗话说："一回生，二回熟。"对于陌生人来说，当你先开口跟对方打招呼时，也就意味着你将其置于一个较高的位置。以谦恭热情的态度去对待对方，一定能叩开交际的大门。如果你能用自信诚实的目光正视对方的眼睛，会给对方留下深刻的印象。

第八，报姓名时略加说明。

记忆术中有一种被称为"记忆联合"的方法，这是一种把一件事与其他事连在一起的记忆方法。初次见面的人利用这种方法可以加深他人对你的印象。比如你姓张，便可说："我姓张，张飞的张，不是文章的章。"这样加以说明，对方会认可你的幽默风趣，也会更容易记住你。

第九，注意自己的表情。

人心灵深处的想法通常都会形之于外，在表情上显露无遗。一般人在到达见面的场所时，往往只注意"领带正不正""头发乱不乱"等着装打扮方面的问题，却忽略了"表情"的重要性。如果你想给他人留下一个美好的第一印象，在见面之前不妨照照镜子，审慎地检查一下自己的面部表情是否跟平时不一样，如果过于紧张的话，最好先冲着镜中的自己笑一笑。

在这里需要提醒的是，万事万物贵在坚持，当你真正地坚持下去时，一定会发现意外的惊喜。

制造"一见如故"的感觉

交往之始，如果话说得好就能赢得陌生人的好感，进而更容易营造"一见如故"的氛围。

良好的第一印象是叩开交际大门的门票。第一句话说得好自然会拉近两者的距离。交往中的第一句话，绝不只是可有可无的寒暄，它将决定两者整个交往的感觉以及接下来互动的方向。所以，如果你想在后面的交往过程中如鱼得水，不妨先学着说好你的第一句话。

小金是上海一家文化传媒公司的经理秘书，负责接待从北京过来担任公司短期培训顾问的袁教授。在机场初次见面简单问好之后，小金说道："袁教授您肯定不常来上海，这几天我带您到几个著名的景点去逛逛，让您看看上海的新面貌……"袁教授的表情冷淡地回应："不必了，我本身就是上海人，当初我在上海的时候你还没出生呢。"袁教授的反应出乎小金的意料，却又在情理之中。

小金本是好意，想要在初次见面时拉近双方的距离，营造出轻松、活跃的氛围，但她的第一句话拿捏得并不恰当，她的表达却没有让袁教授感觉到应有尊重和分寸。

试想一下，如果小金这样说，袁教授的反应还会跟之前一样吗："袁教授，您去过不少地方，见多识广，哪个城市给您留下的印象最深刻呢？不知道您对上海的评价怎样？您一路辛苦了，这几天的活动就交给我来安排吧……"显然，如果小金能在与袁教授初次见面时，运用更妥当的表达方式，接下来的接待过程将会顺利得多。

第一次见面时，双方还只是素不相识的陌生人，因此，整个互动实际上是一个敏感而充满疑虑、试探的过程，第一句话也就显得尤为重要：这是打消对方的疑虑，增进双方信任感和安全感的关键点。卡耐基说："良好的第一印象是登堂入室的门票。"这里的第一印象，常常被理解为相貌、服饰、举止、神态，却被忽略掉最重要的一点：你和对方所说的第一句话。交往中的第一句话，绝不只是可有可无的寒暄。如果想在后面的交往过程中如鱼得水，不妨先学着说好你的第一句话。

怎样才能说好交往中的第一句话呢？最重要的一点当然是选择合乎时宜的内容，而这是一个动态的过程，需要结合交往对方的身份、年龄、偏好以及你们之前的关系、当时所处的情境等方面综合考虑。有一些原则是通用的：首先你要带着真诚和热情开始你们的交流，你是否真心要建立起交流关系，在你开口说话之前就能通过你的眼神为对方所感知；其次是要以尊重和包容为前提，无论对方和你处于怎样的情境和关系，尊重是你开口说话时应该带有的最基本的感情基调。第三点是要带着兴趣去观察对方的特点、偏好，这有助于你有针对性地选择话题的方向。你可以考虑通过以下三种方式找出你们的第一个话题：

1. 从对方的地域找话题

一个人的口音就是一张有声的名片。我们可以从口音本身及其提供的地域引起很多话题。例如，从乡音说到地域，从地域说到他家乡的风土人情、名胜古迹等。

2. 从有关的物件中找话题

例如，客户办公室放有杂志，就可以从杂志找到话题。还有一些物品是可以作为话题，用试探的口气来问的。比如，从询问对方拥有的某一产品的产地、价格等，以此为话题和对方搭讪，找到说话的机会。

3. 从对方的衣着穿戴上找话题

一个人的衣着、举止在一定的程度上可以反映出人的身份、地位和气质，同样可以作为你判断并选择话题的依据。比如，你所见的人开了一辆宝马车，手上戴了一块劳力士，你就可以主动问："如果我没有猜错的话您一定是位商界中的佼佼者！"一语即出，对方会有几分吃惊地说："你真是好眼力！"紧接着，很多与企业生产，经营有关的话题就可以谈了。即使你猜错了也不要紧，因为你把他看成企业家本身是高看他，对方心里也会高兴，并会礼貌地说出自己的真正身份。

另外，在开始交流时充分运用你的肢体语言，也会让你收到意想不到的效果。除了说话的内容以外，在这里，我们要推荐一些关于说话时的神情、动作、语气、语调的有用的准则。

运用腹腔呼吸，不要用胸腔来呼吸，这样声音才会有力；说话时把声调放低，这样听起来平稳、和谐，也更显得性感魅力十足；多说"我行""我可以""我能做的""我会做好的"之类有信心的话，你的我感觉会变得更好，别人也会增加对你的信心；说话时配合一些手势，眼睛看着对方，并面带微笑，这样可以增强语言的感染力。

另外，也有一些需要注意的方面，它们是在表达中绝对应该避免的：

说话吞吞吐吐，结结巴巴，总带有"嗯""啊""这个"之类的赘词；在话语中间插入一些"你知不知道""我对你说"这样的话，这样便打断了话语的连贯性；说话高声大叫，把气氛搞得很紧张；

说话像开机关枪，毫不停顿，结果弄得接不上气，搞得对方很难受；说话时总喜欢带几个外语词，更严重的是中文、外文一块说，让人觉得有些卖弄。

当你掌握了这些准则和禁忌后，就已经掌握了人际交往的主动权。

找到与对方的共同点，用话题打破交谈的"瓶颈"

在谈话的过程中，如果能够找到双方兴趣的共同点，借由共同点来进行交谈，那么你就会打破交谈的"瓶颈"，使得交谈更顺利地进行下去。

在谈话过程中，要想与对方建立起"自己人效应"，就要在与对方谈话时努力寻找共同语言、共同感兴趣的食物、共同的观点与情感等。这样，双方在心理上的共鸣，使对方产生好感与亲近感，心理距离大大缩短，也就自然能打破交谈的"瓶颈"。

一个人的心理状态、精神追求、生活爱好等，或多或少都会在他们的表情、服饰、谈吐、举止等方面有所表现，只要你善于观察，就会发现双方的共同点。

一位退伍军人乘车时同另一个陌生人相遇，位置正好在驾驶员后面。不巧的是，汽车上路后不久就抛锚了，驾驶员车上车下忙了一通还没有修好。这位陌生人建议驾驶员把油路再检查一遍，驾驶员将信将疑地去查了一遍，果然找到了故障原因。这位退伍军人感到他的这个绝活儿可能是从部队学来的，于是试探道："你在部队待过吧?""嗯，待了六七年。""看来咱俩还算是战友呢。你当兵时部队在哪里?"……这一对陌生人就此话题谈了起来，后来他们还成了朋友。

这就是在观察对方后，发现都当过兵这个共同点，从而成功交流的案例。当然，通过察言观色发现的东西，还要同自己的兴趣爱好相结合，否则，即使发现了共同点，也还是无话可说。

谈对方感兴趣的话题，用对方工作上的术语与之交流，让对方感觉你们志趣相投，迎合对方的喜好……这些都不是为了讨好，而是促使你与对方之间的沟通更加顺畅而已。

人与人沟通，很难在一开始就产生共鸣。当我们在做开场白时，为了说服别人，最好从对方的兴趣和精力上找到双方的共同点，并从这上面展开话题。

伽利略年轻的时候就立下雄心壮志，要在科学研究方面有所成就，他希望得到父亲的支持和帮助。他对父亲说："我想问您一件事，是什么促成了您同妈妈的婚事?""我看上她了"。父亲平静地说。伽利略又问："那您有没有想过娶别的女人?""没有，孩子，家里的人要我娶一位富有的女士，可我只钟情于你的母亲，她从前可是一位风姿绰约的姑娘"。伽利略说："您说得一点儿也没错，她现在依然风韵犹存，您不曾想过娶别的女人，因为您爱的就是她。您知道，我现在也面临着同样的处境。除了科学以外，我不可能选择别的职业，因为我喜爱的正是科学。别的对我而言毫无用途也毫无吸引力。科学是我唯一的需要，我对它的爱犹如对一位美貌女子的倾慕。"

伽利略的父亲一直反对伽利略从事科学事业，并阻挠他科学研究方面的事情。而伽利略就是用了这种与父亲找共同感受的方式，做了说服父亲的开场白，最终说动了父亲，并通过努力实现了自己的理想，成了一名伟大的科学家。

面对不太熟的异性朋友，如何开口是关键

异性之间的交往应该尽量大大方方，或是用一句"你好"，或是用一个微笑来开始相互之间的谈话。

很多人因为内向的性格，总不能主动地去交朋友。只做交往的响应者，而不做交往的始动者，就比别人少了很多获取友情和爱情的机会。要知道，别人是没有理由无缘无故地对我们产生兴趣的。因此，要想摆脱"守株待兔"的境况，就必须学会主动与人交往。

在一个相互间并不熟悉的聚会上，你可能会发现，多数人都在等待别人主动打招呼而不敢主动与不认识的异性接触，他们也许认为这样做是最稳妥也是最容易的。而余下的一小部分人则不然，他们通常会走到陌生异性跟前，一边伸手一边自我介绍。如果你恰巧是被"搭讪"的一位，这个时候你一定会像他乡遇故知一样对来者产生一种心理上的依赖，因为他是你此时此地唯一能够交谈的对象。你会自然而然地对与你对话的这位产生亲切感与好感。根本不会认为与别人主动接近是件难为情的事。所以，在与陌生或者不熟的异性交流之始，不要为"先开口"而害羞不已。被你接近的人一定不会对你"先开口"的举动投来异样的眼光，反而会对你主动的态度心存感激。

通常情况下，对于陌生异性来说，搭上第一句话是相当重要的。因此，首先要克服自卑感和怯场心理。你可以漫不经心地说一些眼前存在的事实，用声音引起对方的注意。这一切要显得自然一些，如果对方开始注意，你就可以接上话茬，继续谈下去了。谈话的内容不要太深入，仅作为一般的聊天即可。这个时候，最忌讳心情紧张，一旦紧张，就会导致找不到话题、语无伦次。

当两个人谈得很投机的时候，便可以进入询问阶段，从而了解对方的观点、个人情况、家庭状况等，但一定不能刨根问底。要善于察言观色，一旦触及对方隐私和禁忌的话题，要及时岔开，从而保持愉快的交谈气氛。

在交谈过程中，最忌讳一问一答的谈话方式。谈话应该是两个人思想的交流，在了解对方的同时，开诚布公的向对方亮相。这种自我介绍，从原则上要坦率、诚实。

如果在聊天的过程中彼此产生好感，交谈进入全面的、深入的了解阶段，并且能相互理解，那么就可以将话题转移到试探对方上面来，即给对方发出"信号"。这些信号多半含有爱的暗示，信号的表达最好不要太直白露骨，急于求成往往会把胆小的一方吓跑。这种信号发出，并不是立即能得到回音的，要允许对方长时间考虑，甚至在对你进行考验之后才能得出结论。

有些人总是在抱怨世界上缺少真情，缺少爱。这个世界上从不缺乏孤独的男女，他们多半是因为不敢迈出交友的第一步，在交友中总是处于被动、消极的境况。

感情的自然流露，落落大方的交往，在沟通中不失常态就是同异性交往的最基本法则。掌握了这些法则，碰见异性就将不再拘谨，交往也将变得顺利得多。

用流行语为你的开场添姿着色

开场白借助健康的、富于生命力的"流行语"，可以使你更潇洒地与人交谈，使你更顺利地办事。

在日常谈话、交往活动中，恰到好处地使用流行语可以起到多方面的作用。

1. 可丰富、更新自己的谈话色调

一个人的谈话色调既包括话题、语调、声音的选择，也指词句的筛选与锤炼。现实生活中有些人与别人交谈时老是一种腔调，老运用

一些自己重复多遍、陈旧蹩脚的词句、口头禅，毫无新鲜明朗的气息，给人的感觉是迂腐而沉闷，如鲁迅笔下的孔乙己，"之乎者也"不断；又像电视剧《编辑部的故事》中的牛大姐，官腔套话不离口。跟上时代的步伐，注意吸收、运用流行的词句，可以使自己的谈吐变得丰富多彩，永远保持谈话色调的生机、活力，使话语常讲常新。

2. 可沟通联系，赢得别人好感

愉快顺利的交谈活动，往往离不开流行语的使用。比如称呼别人，以前多是"师傅""同志"，现在多用"女士""先生""小姐"，这样更能增强谈话双方的亲近感、尊敬感，使交谈始终处于自如轻松的状态，不致因过于拘谨、正儿八经而影响沟通，引起别人反感。

3. 可调色逗趣，增添生活情趣

生活是五彩斑斓的万花筒，人们常在一起聊天、玩笑，少不了流行语的点缀。一位学生挤到一群同学堆里，发现一位女生新穿了一件连衣裙，故意惊呼道："哇！真 3.14 ！"这 3.14 是圆周率 π，与流行语"派"谐音，因此立刻博得大家一阵会心的大笑。

或许有人会问流行语是怎么来的？其实，流行语不是哪位名人或语言学家创造发明出来的，我们每个人都可以留心于生活，留心于别人的言谈，并借鉴发挥，推陈出新，启动灵感，随口说出。平时不妨从以下几个方面去搜集学习。

1. 电视电影里学

当代影视与人们的生活愈来愈贴近，不少精彩对白、主持人的即兴妙语、广告好词令人赞叹不绝，我们可以从中借鉴。比如有人劝朋友看一个展览："去看看吧，不看不知道，展览真奇妙！"显然这里仿用了《正大综艺》主持人的开场语。

2. 从流行歌曲中学

许多流行歌曲不但能唱出人们的真情、心声，而且歌词通俗，生活气息浓。某男士谈恋爱，刚接触对方，生怕对方看不中自己的外表，灵机一动，说道："我知道我很丑，可是我很温柔。"他妙用了赵传的一首歌名，很快赢得姑娘的好感。再如"我真的不是故意的""你知道我在等你吗"等，结合讲话的场合、语境、心境，信手拈来，适时穿插，一定情趣盎然。

3. 从报刊用语里学

如某报上曾有一篇题为《检察机关浑身是眼》的文章，某位善谈者巧借活用，与人评论小偷："他浑身是手，什么不偷？"提醒误入情网的朋友："别理她，她浑身是胶，粘住了，你还了得？"假如有人蒙受不白之冤，事过境迁，真假莫辨，多次申诉，也得不到解决，怎么跟人说？"嗨！你就是浑身是嘴，也说不清呀！"

人际交往之始，如何说能让自己鹤立鸡群

熙熙攘攘的人群中，有人虽然飘然而过，却让你久久回首，难以忘记；社交聚会中，每个人都明艳照人，使尽浑身解数博取注意力，而有人却独领风骚，这和他们的说话方式不无关系。

在角色多如牛毛的社会舞台上，总有一些人一出场就能赢得满堂彩，一抬手、一顿足就能显出与众不同，惹人注目。我们大多数人，仿佛注定了默默无闻，我们的平凡无奇，仿佛是无力改变的。你甘心一辈子只做"绿叶"吗？你难道不想当一回社交圈中的明星，风光一回吗？你难道不想让别人对你过目不忘、艳羡不已而崇拜吗？

以下就是令你轻轻松松"鹤立鸡群"的一些秘诀，只要你真正掌握，并举一反三，就能实现这些愿望。

1. 说话时善用手势，令别人对你过目不忘

令别人对你过目不忘的第一秘诀是妙用手势。手势是人际交往中不可缺少的动作，是最有表现力的一种"体态语言"。手势语言，可以使所说的话给人以立体感、形象感，帮助对方理解所说内容；还能强化所要表达的感情，激起对方的共鸣；手势语言还能传达有声语言所不能很好传达的微妙感情，令"一切尽在不言中"；同时，还有助于自己在交谈中做到同步思考。

总之，手势若使用恰当，不仅能很好地表情达意，而且能增加你的社交魅力，突出自己的个性。经研究证明，人们更容易记忆自己亲眼看到的动作，而对听到的声音，则因情、因境、因人各有不同，所以，在说话时巧妙地使用手势，更容易给对方留下深刻的印象，令人对你过目不忘。

恰当地运用手势，可以使你的形象更加生动鲜明，但是，手势的使用应该以帮助自己表达思想为准绳，不能过于单调重复，也不能做得过多。反复做一种手势会让人感觉到你的修养不够，有些神经质；不住地做手势，胡乱做手势，更会影响别人对你说话内容的理解。所以，手势要用得恰到好处，有所节制，否则，就会产生适得其反的作用。

2. 谈话时利用记事本，让别人做出"你很成功"的判断

也许，你和同事小王每天做同样的工作，拿同样高的薪酬，取得一样的成绩。可是，不知为什么，小王好像就是比你成功，至少，别人是这样以为的，有时，你也会有同感。为什么呢？原来，"成功"不仅是实质的工作、薪酬和成绩，对别人来说，"成功"更加来自你的社交形象，你在社交中能展示"成功"的一些小细节，而在这些细节表

现当中，最具效果的，莫过于随时利用记事本这一道具。

与人约定时间时，我们一般会有两种反应：一种是表示什么时间都可以，而另一种则表示要翻一翻记事本，看看哪个时间可以。常常，对于第一种"友好和善"的人，我们会不置可否；而对于"不近人情"的后者，反而印象深刻，认为对方一定是一个业务繁忙的成功人士。

在人们心目中，成功人士都是很忙的，日理万机，所有的日程一般在几天前就已订好，而且由于所见的人物都非同寻常，要处理的也都是重大事项，不能随便更改。所以，如果你有这些细节表现，人们就会认为你很成功、很能干。

事实上，"成功"人士就算知道自己某一天有空闲，在与人约定时间时，也会掏出记事本装作要确定自己那天是否有时间，以使对方对他的"业务繁忙""事业成功"产生很深的印象，而且，边看记事本边约定时间，还可以给对方留下做事谨慎、重约守信的好形象。

当我们看到写满姓名、电话、地址及预定行程的记事本时，往往会被它吓一跳，并自然地产生这个人交际很广、工作能力很强的印象。同样，善用这一道具，我们也可以令别人对我们产生这种印象。需要注意的是，要自然随意地拿出，不能过于做作，让别人看出是在"作秀"。

3.令你魅力倍增的说话方式

急事，慢慢地说。

遇到急事，如果能沉下心思考，然后不急不躁地把事情说清楚，会给听者留下稳重、不冲动的印象，从而增加他人对你的信任度。

小事，幽默地说。

尤其是一些善意的提醒，用句玩笑话讲出来，就不会让听者感觉生硬，他们不但会欣然接受你的提醒，还会增强彼此的亲密感。

没把握的事，谨慎地说。

对那些自己没有把握的事情，如果你不说，别人会觉得你虚伪；如果你能措辞严谨地说出来，会让人感到你是个值得信任的人。

没发生的事，不要胡说。

人们最讨厌无事生非的人，如果你从来不随便臆测或胡说没有的事，会让人觉得你为人成熟、有修养，是个做事认真、有责任感的人。

做不到的事，别乱说。

俗话说"没有金刚钻，别揽瓷器活"。不轻易承诺自己做不到的事，会让听者觉得你是一个"言必信，行必果"的人，愿意相信你。

伤害人的事，不能说。

不轻易用言语伤害别人，尤其在较为亲近的人之间，不说伤害人的话。这会让他们觉得你是个善良的人，有助于维系和增进感情。

伤心的事，不要见人就说。

人在伤心时，都有倾诉的欲望，但如果见人就说，很容易使听者心理压力过大，对你产生怀疑和疏远。同时，你还会给人留下不为他人着想，想把痛苦转嫁给他人的印象。

别人的事，小心地说。

人与人之间都需要安全距离，不轻易评论和传播别人的事，会给人交往的安全感。

自己的事，听别人怎么说。

自己的事情要多听听局外人的看法，一则可以给人以谦虚的印象，二则会让人觉得你是个明事理的人。

尊长的事，多听少说。

年长的人往往不喜欢年轻人对自己的事发表太多的评论，如果年轻人说得过多，他们就觉得你不是一个尊敬长辈、谦虚好学的人。

4. 令你魅力倍增的说话主题

谈谈梦想。假如你对别人说："我希望将来能住在国外，最好在澳大利亚买一个农场……"虽然有人会觉得你幼稚无知，但多数人都会觉得你天真可爱，充满了浪漫的生活情趣。

假如你的梦想不只是超现实的幻想，而且是你的人生目标和事业规划，那别人就会觉得你这个人不同寻常。而且，与有梦想的人在一起，人们也会感染他们的积极和热情，因此，也会乐于和他们接近。

来点幽默。具有幽默感，不仅能给你的事业带来极大的好处，而且会使你的形象更有魅力。幽默可以消除紧张情绪，创造一种轻松愉快的工作氛围，从而使你的事业更为成功。它同样也是塑造完美社交形象的一个因素，每当面临人际选择时，绝大多数人都愿意与那些有幽默感的人打交道。

在当今社会中，竞争异常激烈，人际关系日趋复杂，人们的压力和紧张情绪比任何时候都明显，许多人灰心丧气、精神抑郁。在这种时候，幽默感就显得越来越重要。如果你天生就有幽默感，那一定要发扬它，这会令你的社交魅力倍增，人们因此乐于与你共事。

问话热身，消除冷状态

生活中，当我们与某人第一次见面时，不管有多想了解对方，一定不能忽视问话禁语的问题，要耐下心来慢慢诉说。

第一次见面，不管出于怎样的目的，总希望尽可能多地了解对方，一个又一个的问题就这样问了出来。殊不知，这样的问话方式会给对方造成不适之感，对你本就不熟悉的对方，戒心会更重。最开始问话的一方往往觉察不到这种迹象，直到对方表现出明显的回避与提防的情形时，问话方才不得不就自己的问话作一番解释。于是疑云消散，双方的交谈才逐渐融洽。但是，如果在对话的最开始就先讲明自己询问某些事的原因，交流的效果是不是会更好呢？

小超是动漫爱好者，最近又迷上飞机模型的制作，经人介绍认识了一个叫赵彦的模型高手，两人一见面就谈了起来。

小超："听说你是这方面的行家？"

赵彦："也不算吧，只是喜欢玩而已。"

小超："你做这个多少年了？听说这行里的有些人很神秘，之前都是专门做飞机的？飞机的原理是不是很复杂？有没有什么有意思的事透露一下？"

听了小超的这几句话，赵彦的面部表情突然严峻了起来。

"你问这些干什么？我不知道。"

感到对方有明显的抵触心理，小超连忙说道：

"不好意思，我解释一下，我之所以问你飞机原理的事，是因为我最近在学着做飞机模型，我朋友没跟你说？"

赵彦摇摇头："他只说你想认识我一下，没说具体是什么原因。"

"噢，那就是我的不对了，我应该提前告诉你我那么问的原因的。除了飞机原理，我还想知道咱们国内制作飞机模型的整个状况，经费啊，材料源啊等等，毕竟我刚接触这个，这方面的知识还非常缺乏，可以吗？"

"当然啊。你一解释我就明白了，不然一见面就问我飞机原理什么的，我以为你是间谍呢。"

"哈哈，我的错，我的错。"

小超就犯了只顾提问而没有解释的错误。他的问题让对方疑虑重重，甚至因为问题的敏感性怀疑他是间谍。因为有这样的想法，对方的心就会关闭得更严，而交流自然无法畅通。在这个过程中，对方还是一副戒备心，没有把小超当真正的朋友，而小超那样问，也是没读懂对方的表现。

不熟悉的人相见，认知总需要一个过程，切不可因为想急切了解某些问题而忽视了思想"互通有无"的过程。简而言之，就是让对方对你跟他对话的目的有个大概的了解，让他心中有数，他才会对你的问题予以解答。

小超从一开始就问，到后来对问话予以解释，就是感觉到了对方内心的变化：由陌生到抵触，不解释可能更加防备，这样发展下去的后果很可能是不欢而散。小超热情四溢，对方却一直是冷状态。

所以，生活中，当我们与某人第一次见面时，不管有多想了解对方，一定不能忽视问话禁忌的问题，要耐下心来慢慢诉说。尤其要注意的是，在一些需要解释的问题之前做出必要的解释，跟对方说明自己这样问的意图。这样才能让他最大限度地敞开心扉说出自己的想法，你也会更加了解这个人。

认同与被认同里的玄机

心理学上讲，人往往会因为彼此间相似的秉性或者经历走到一起，在认同和被认同的过程中，慢慢由陌生变得熟悉。

一个严冬的夜晚，两个人初次见面。

对话一：

"今天好冷啊。"

"是啊。"

"……"

"……"

对话二：

"今晚好冷！像我这种南方人，尽管在这里住了几年，但对这种天气还是难以适应，你感觉怎么样？"

"是啊，我父母虽然是北方人，但我也是从小在南方长大的，在这里还是也不适应。"

"你也是南方的？你是南方哪儿的？"

"我是南方……"

以上两段对话均来自两个陌生人初次见面的情景。在第一段对话里，两人见面说的第一段话非常普通："天很冷啊""是啊"。从字面上就能判断出双方的聊天能力一般。

第二段对话则不同。第一个人见面就说自己是在南方长大的，对北方这种寒冷的天气很不适应，然后又问对方感觉怎么样。对方虽不是纯正的南方人，但也是在南方长大的，因此，两个人有共同话题，你来我往间，彼此就会越来越融洽。

从第二段的话中可以分析到，尽管见面的两人一个是纯正的南方人，另一个只是从小在南方成长，父母是北方的。两者虽有差异，但主动问话者故意忽略了这种差异，只强调双方的相似性：都在南方有一段成长经历，对北方寒冷的冬季极不适应。因为有了相似的经历，话题才会越来越多。

心理学上讲，人往往会因为彼此间相似的秉性或者经历走到一起，在认同和被认同的过程中，慢慢由陌生变得熟悉。没有人希望与自己对话的那个人是个和自己没有丝毫相似点的人，那样的话，两人很难有聊得来的话题。甚至，有可能爆发矛盾冲突，这也就是第二段的问话人求同存异的原因。

因为有了相似的地方，第一次见面的两个人才会渐渐有亲切感，慢慢放下戒备的心。除此，消除陌生感的方式还有以下几种：

1. 攀认式

赤壁之战中，鲁肃见诸葛亮的第一句话是："我，子瑜友也。"子瑜，就是诸葛亮的哥哥诸葛瑾，他是鲁肃的挚友。短短的一句话就定下了鲁肃跟诸葛亮之间的交情。其实，任何两个人，只要彼此留意，就不难发现双方有着这样或那样的"亲""友"关系。

例如，"你是××大学毕业生？我也在××进修过两年啊。你还记得××吗？"

"你来自苏州？我出生在无锡，两地近在咫尺，今天得好好聊聊！走，有没有兴趣喝一杯？"

2. 敬慕式

对初次见面者表示敬重、仰慕，这是热情有礼的表现。用这种方式必须注意：要掌握分寸，恰到好处，不能胡乱吹捧，不要说"久闻大名，如雷贯耳"之类的过头话。表示敬慕的内容也应该因时、因地而异。

图书在版编目（CIP）数据

情商高就是说话让人舒服 / 许君编著 . — 长春：
吉林文史出版社，2018.10（2025.6 重印）
ISBN 978-7-5472-5432-5

Ⅰ . ①情… Ⅱ . ①许… Ⅲ . ①语言艺术－通俗读物
Ⅳ . ① H019–49

中国版本图书馆 CIP 数据核字 (2018) 第 220623 号

情商高就是说话让人舒服

QINGSHANGGAO JIUSHI SHUOHUA RANGREN SHUFU

书　　名：情商高就是说话让人舒服
编　　著：许　君
责任编辑：程　明
封面设计：冬　凡
文字编辑：李　波
美术编辑：牛　坤
出版发行：吉林文史出版社
电　　话：0431–86037509
地　　址：长春市福祉大路 5788 号
邮　　编：130021
网　　址：www.jlws.com.cn
印　　刷：三河市众誉天成印务有限公司
开　　本：145mm × 210mm　1/32
印　　张：8 印张
字　　数：198 千字
印　　次：2018 年 10 月第 1 版　2025 年 6 月第 13 次印刷
书　　号：ISBN 978-7-5472-5432-5
定　　价：36.00 元